Für Fragen, Anregungen oder weitere Informationen:

www.education-punk.de

Verlag: Education Punk Ltd.

Lektorat: Creativity to Success, Wels, Österreich

Design & Satz: Creativity to Success, Wels, Österreich

Druck: BoD - Books on Demand, Norderstedt

ISBN: 978-3-9817888-7-7

Über die Autorin

Sabrina Lehmann ist 1986 geboren und wohnhaft in Süddeutschland. Sie ist Unternehmerin und Autorin. Nach einer kaufmännischen Ausbildung machte sie sich bereits mit Anfang 20 das erste Mal selbstständig und sammelte ihre ersten Erfahrungen im Unternehmertum.

Nach dem plötzlichen Tod ihres Vaters im Jahr 2009, entschied sie sich im gleichen Jahr für eine zweite Ausbildung im Bereich Sport- und Fitness, um beruflich nochmals neue Wege zu gehen. Im Jahr 2011 schloss sie diese Ausbildung als Landesbeste ab und kehrte aufgrund der besseren Perspektiven in ihren ersten Beruf zurück.

Als freiheitsliebende Person war sie seitdem immer auf der Suche nach einer Möglichkeit zu reisen, von überall aus arbeiten zu können und wieder ihr eigener Chef zu sein. So startete sie Ende 2015 neben ihrem Beruf ihre Karriere im Bereich Network Marketing. Seitdem gehören die Investition in sich selbst und in Weiterbildungen zu ihrer Routine.

Während dem Schreiben dieses Buches ist die Idee für ihr Unternehmen entstanden. Sie möchte andere Frauen dabei unterstützen, herauszufinden, was ihr Talent ist, was sie wirklich im Leben wollen und erfolgreich ihren Weg zu gehen. Daher gründete sie im Jahr 2017 UnicornLadies. Auf www.unicornladies.de kann jede Frau Teil der einzigartigen Community werden und sich, sowohl online als auch offline, ein Umfeld aufbauen, das sie bei ihrem persönlichen Vorhaben unterstützt. Im integrierten Coaching-Bereich stehen den Mitgliedern Experten mit Rat und Tat bei der Verwirklichung ihrer Ziele zur Seite.

Ihre Vision ist es Millionen Frauen dazu zu inspirieren, sich selbst zu verwirklichen, sich gegenseitig zu unterstützen, das Leben zu genießen und großartig zu sein, in dem, was sie tun.

Inhalt

1. Happy-End, wo bist du? 4

2. Kaffee am Morgen vertreibt Kummer und Sorgen 8

3. Die Hornochsen-Typen 15

4. Ich bin dann mal weg 23

5. Zwischen Begattungsunternehmern und Malle-Divas 30

6. Hornochsen, so weit das Auge reicht 35

7. Sei immer du selbst. Außer du kannst ein Einhorn sein, dann sei ein Einhorn! 47

8. Die ‚Weltkiste' 52

9. Das perfekte Vogelnest 62

10. Zeit für Veränderung 69

11. Als „Zuckerschnute" durchs Leben 81

12. Tapas für drei 102

13. Home Sweet Home 106

14. Bye bye, Hornochse 111

15. Das „Muffins" 134

16. Happy-End zwischen Torten und Cupcakes 138

17. Das letzte Einhorn 145

Du bist zauberhaft.

unicornladies.de

Vorwort

Wenn wir Einhörner, Feen, Elfen und alles, was glitzert und funkelt sehen, schlägt unser Frauenherz automatisch höher. Wir werden wieder zu kleinen Mädchen. Unsere Augen weiten sich und beginnen zu leuchten. Ein ähnlicher Effekt, wie bei Schokolade. Nur figurfreundlicher.

Mittlerweile finden wir Einhörner auf etlichen rosa Blöcken, Terminkalendern, Kugelschreibern, Handtaschen, Smartphone-Hüllen, T-Shirts und sogar auf Toilettenpapier. Wobei der ganz besondere Einhorn-Zauber bei letzter Variante verloren geht, meiner Meinung nach.

Die Männerwelt versteht unsere Liebe zu Märchen, Geschichten, Filmen und Büchern, die uns verzaubern, nicht und schüttelt nur den Kopf. Aber das ist uns egal. *Die haben eben keine Ahnung*, denken wir uns. Genauso wenig verstehen sie, warum wir so viele Schuhe und Kleidung besitzen und trotzdem verzweifelt vorm Spiegel stehen, weil wir nichts zum Anziehen finden. Oder warum wir behaupten, wir hätten keinen Hunger und dann doch mal probieren wollen und die Hälfte des Essens verputzen. Auch, warum wir immer zu zweit auf die Toilette gehen, bleibt für die meisten Männer ein Rätsel. Wenn wir „Schon okay“ sagen, ist natürlich überhaupt nichts in Ordnung. Genauso wenig bei „Na schön“. Die Diskussion ist zwar erstmal beendet, aber gedanklich überlegen wir uns bereits die nächsten Schritte. Schließlich befinden wir uns völlig im Recht.

Tatsächlich müssen wir erstmal viele Frösche, beziehungsweise Hornochsen küssen, bis unser Märchenprinz auftaucht. Der Mann, der uns versteht und so nimmt, wie wir sind. Dabei vergessen wir, dass wir uns erst einmal selbst so lieben müssen, wie wir sind.

Wir freuen uns jedes Jahr auf Weihnachten, wenn im Fernsehprogramm endlich wieder ein Märchen nach dem anderen läuft. Wir wünschen uns bei jeder Geschichte ein Happy-End und sind fest davon überzeugt, dass das Gute am Ende immer gewinnt. Auch wenn wir einen Film mit traurigem Ende schon mehrmals gesehen haben, bleibt da doch dieser letzte Funken Hoffnung in uns. Die Hoffnung, dass dieses eine Mal alles anders kommt.

Obwohl wir wissen, dass Einhörner Fabelwesen sind, wünschen wir uns insgeheim, dass sie nicht nur in unserer Fantasie existieren. Wir stellen uns vor, wie wir morgens im Nebel durch den Wald laufen und plötzlich ein Einhorn hinter den Bäumen hervortritt. Wie wir uns ihm nähern, es uns leicht entgegen schnaubt und keinerlei Angst zeigt. Triumphierend denken wir uns: *Ich habe es doch schon immer gewusst, es gibt sie tatsächlich.*

1. Happy-End, wo bist du?

Da sitze ich nun. Im Kinostuhl am Ende der Vorstellung. Es ist Sonntagabend. In der einen Hand halte ich mein bereits vollkommen zerknittertes Taschentuch, in der anderen die leere Popcorntüte. Neben mir sitzt meine beste Freundin Lisa. Auf dem Boden, wild vor mir verteilt, die letzten Popcornkrümel. Ich lasse gedankenverloren die Namen der Schauspieler auf dem Nachspann vor mir vorbeiziehen. Aufstehen? Kann ich jetzt doch noch nicht. Der Film wirkt schließlich nach und macht mich bewegungsunfähig.

Und während ein Name nach dem anderen am unteren Bildrand verschwindet, wünsche ich mir mein eigenes Happy-End. Ich denke an alle verflossenen Hornochsen, die mich nicht wertgeschätzt haben. An alles Unglück und jede Ungerechtigkeit, die mir bislang widerfahren ist und verfalle in Selbstmitleid und Nostalgie. Die Riesentüte Popcorn, die ich verputzt habe, die Cola und die Hälfte der Nachos von Lisa machen meine Gefühlslage im Nachhinein natürlich auch nicht besser. Jetzt bin ich nicht nur unglücklich, sondern auch noch fett. *Na toll.*

Was ist aus meinen Wünschen und Träumen geworden? Wieso lässt mein Happy-End so lange auf sich warten? Mittlerweile sind Lisa und ich die letzten im Kinosaal. Der Mitarbeiter, bei dem wir vorhin noch unser Kinoticket gekauft haben, fängt bereits an, die leeren Flaschen und Tüten einzusammeln und schielt mit diesem ‚Lasst-mich-doch-endlich-Feierabend-machen-Blick' zu uns herüber. *Ist ja schon gut,* denke ich mir. Auch so ein Hornochse, der den tieferen Sinn des „Filme-Nachwirkens" nicht versteht. „Lass uns gehen, ich glaube der Kerl will alleine sein", kichert Lisa. Wir stehen auf und verlassen den Saal, zur Freude des Kinomitarbeiters, der erleichtert aufatmet. Das hätte er ja auch etwas unauffälliger machen können.

Auf dem Parkplatz verabschiede ich mich von Lisa. Sie wohnt bereits seit über einem Jahr mit ihrem Freund Marc zusammen, den ich überhaupt nicht leiden kann. Genauso wenig wie er mich. Ich selbst bin seit über zwei Jahren Single und wohne alleine in einer 2-Zimmer-Wohnung am Frankfurter Stadtrand. *Zwei Jahre, wie die Zeit vergeht.*

Morgen ist schon wieder Montag. Das Wochenende ist, wie immer, viel zu kurz gewesen. Das heißt um 6.30 Uhr aufstehen und zur Arbeit fahren. Ich arbeite seit meiner Ausbildung in einer mittelgroßen Kanzlei in der

Stadtmitte als Rechtsanwaltsfachangestellte. Warum ich mich für diesen Beruf entschieden habe, kann ich bis heute nicht mehr nachvollziehen. Ebensowenig, warum ich nicht längst etwas anderes mache.

Es ist wie bei diesen „Liebes"-Beziehungen, die so überhaupt nicht funktionieren und bei denen von Harmonie keine Spur ist. Jeden Tag gibt es ein anderes Streitthema, Stress und Ärger. Aber die meisten Paare bleiben dennoch trotzdem einfach zusammen. Ich kenne etliche davon in meinem Bekanntenkreis. Jeden Tag erzählen sie ihrer Umgebung, wie furchtbar ihr Partner oder ihre Partnerin ist und was er/sie jetzt schon wieder angestellt hat.

Aber anstatt etwas an der Situation zu ändern oder gemeinsam eine Lösung zu finden, scheint es, als hätten sie einfach resigniert. Vermutlich weil die Beziehung zur Gewohnheit geworden ist und sie Angst vor Veränderung haben oder Angst davor, auf einmal alleine dazustehen. Mir ist aufgefallen, dass besonders wir Frauen uns oft mit Situationen abfinden, die uns eigentlich nicht guttun. Wir sind wahre Meisterinnen darin, uns Veränderungen im Leben noch schlimmer auszumalen, als den IST-Zustand. Und Schwups sind wir auf einmal wieder der Meinung, dass es uns doch eigentlich gar nicht so schlecht geht und wir mit unserem Leben echt zufrieden sein können.

Ähnlich ist es bei mir und meiner Arbeit. Ich nehme es mittlerweile so hin, wie es ist. Schließlich kann ich meine Miete, meine Versicherungen, mein Auto und auch sonst alles, was ich zum Leben brauche, von meinem Gehalt zahlen und sogar einmal im Jahr in den Urlaub fahren. Zwar nicht nach Südafrika, in die Südsee oder auf einen langen USA-Trip, was schon immer mein Traum ist, aber für die Kanaren oder Italien hat es bisher immer gereicht. Ich sollte also echt zufrieden sein. Das sage ich mir dann einfach immer so oft, bis ich es selbst glaube.

2. Kaffee am Morgen vertreibt Kummer und Sorgen

Montagmorgen. Ich habe das Gefühl mein Wecker klingelt immer genau dann, wenn ich endlich die perfekte Schlafposition gefunden habe. *Ich sollte definitiv endlich einen anderen Weckton einstellen,* denke ich mir, nachdem ich wieder einmal von diesem kopfschmerzbereitenden, hartnäckigen Piepen aus dem Tiefschlaf gerissen wurde. Langsam stehe ich auf und taumle zum Rolladen.

Es ist Ende April und daher schon hell draußen. Ich springe schnell unter die Dusche und hüpfe danach in mein Outfit, das bereits über dem Stuhl liegt. Ich habe mir angewöhnt, mir bereits am Vorabend zu überlegen, was ich am nächsten Tag anziehe, damit ich morgens mehr Zeit habe. Nach dem Duschen lege ich ein dezentes Make-Up auf und mache mich eine gute halbe Stunde nach dem Aufstehen mit dem Auto auf den Weg zur Arbeit. Da soll nochmal einer sagen, ich würde lange im Bad brauchen.

Unterwegs halte ich kurz, wie jeden Morgen, beim Kiosk um die Ecke und hole mir mein Lebenselixier. Kaffee. „Guten Morgen Kim“, grüßt mich Paolo, der Kioskbesitzer, herzlich. „Guten Morgen Paolo“, antworte ich noch müde.

„Kaffee wie immer?“, fragt er mich. „Mit extra viel Koffein, wenn es geht“, sage ich verschlafen. Von außen sieht der Kiosk ziemlich runtergekommen aus. Aber was Kaffee angeht, ist dieser Laden ein wahrer Geheimtipp. Paolo macht definitiv den besten Kaffee der Stadt. „Bitteschön, Madame“, sagt Paolo und reicht mir meinen To-Go-Becher. „Du bist meine Rettung! Vielen Dank, Paolo, bis morgen!“, verabschiede ich mich. Zur Kanzlei brauche ich mit dem Auto ungefähr 15 Minuten, je nach Verkehr. Parkplätze sind zum Glück direkt vor dem Gebäude für uns reserviert.

Ich bin, wie immer, die Erste in der Kanzlei, schließe erstmal alle Türen auf und öffne die Fenster, da es morgens immer so stickig in den Räumen ist. Insgesamt haben wir drei Anwälte in der Kanzlei ‚Krämer & Partner’. Ich arbeite hauptsächlich für Herrn Krämer höchstpersönlich. Langsam lasse ich mich, immer noch schläfrig, in meinen Bürostuhl sinken und starte meinen Rechner. Die erste halbe Stunde bin ich meistens alleine im Büro und genieße die Ruhe. Um kurz nach acht höre ich meine Kollegin, Daniela, im Foyer. Sie sitzt vorne am Empfang, nimmt alle Telefonate entgegen und kümmert sich um die Mandanten.

20 Sekunden später öffnet sich meine Bürotüre. „Guten Morgen Kim", grüßt sie mich laut und voller Energie. *Wie kann man am frühen Morgen nur schon so fit und aufgedreht sein?*

„Hi Dani, wie gehts dir? Wie war dein Wochenende?", erkundige ich mich und bereue sogleich die letzte Frage.

Denn es folgt ein 20-minütiger Bericht all ihrer Wochenend-Aktivitäten, bis ins kleinste Detail. Bevor sie mir erzählt, was genau sie gemacht hat, holt sie wie jedes Mal zuerst aus, wie es überhaupt erst dazu kam. Dani gehört definitiv nicht zu der Sorte Mensch, die sich kurz halten können. Aber sie hat ein großes Herz und ich mag sie sehr.

Erst als Krämer, mein Chef, in die Kanzlei kommt, macht sich Dani schnell wieder zurück an ihren Arbeitsplatz. Krämer ist Anfang 50, hat dunkle Haare mit grauen Strähnen und ist mittlerweile leicht korpulent. Was mich bei seinem Stresslevel nicht wundert. Jeden Tag ist er in Hektik, alles muss schnell gehen. Daher nimmt er sich kaum Zeit für eine ordentliche Mittagspause. Ich bestelle ihm meistens irgendeinen Schund vom Lieferservice. Kaum ist er da, merke ich, wie ich innerlich selbst schon wieder ganz unruhig werde, aufgrund seiner angespannten Art. Meine entspannte Wachwerde-Phase ist vorbei.

Krämer legt mir einen Stapel mit Akten auf den Tisch, die ich heute noch bearbeiten muss und erkundigt sich, wie jeden Morgen, nach allen anstehenden Terminen. Ich gebe ihm einen kurzen Tagesbericht, bevor er wieder hektisch in seinem Büro verschwindet, welches direkt neben meinem liegt. Unsere beiden Räume sind vom Flur aus zugänglich und mit einer Durchgangstür zusätzlich miteinander verbunden. Gefühlt jede halbe Stunde öffnet sich die diese Tür und Krämer steht vor meinem Schreibtisch mit neuen Anweisungen.

So auch jetzt wieder. „Suchen Sie mir zu diesem Fall bitte alle ähnlichen Verfahren heraus, Frau Loges“, sagt er und legt mir die nächste Akte auf den Tisch. „In Ordnung. Bis wann brauchen Sie die Unterlagen?“, frage ich. „Am besten bis gestern“, antwortet er. Seine Standardantwort. Wieder einer der Momente, in denen ich mich frage, wie es seine Frau zu Hause mit ihm aushält. Dani meint, dass in seinem Privatleben vermutlich so einiges schieflaufen muss. Vermutlich hat sie damit Recht. Oder aber Frau Krämer ist gar nicht so bemitleidenswert. Es kann ja auch sein, dass sie zu Hause das Sagen hat.

Daher gefällt es ihm, zumindest auf der Arbeit den Chef spielen zu können und uns im Sekundentakt Anweisungen zu erteilen. Warum er so ist, wie er ist, wird wohl für immer ein Rätsel bleiben. Aber eins ist sicher. Krämer ist und bleibt ein arroganter Hornochse.

Ich mache mich an die Arbeit und sehne gedanklich schon wieder das Wochenende herbei. Ich lebe nur noch von Wochenende zu Wochenende. Wenn ich abends aus der Kanzlei komme, bin ich meistens zu müde und zu kaputt, um noch viel zu unternehmen. In der Regel mache ich noch etwas Sport oder treffe mich mit Lisa in der Stadt, bevor ich es mir auf dem Sofa gemütlich mache und fernsehe.

So vergeht Woche um Woche und manchmal habe ich das Gefühl, das Leben zieht irgendwie an mir vorbei. Oft denke ich mir, dass es da draußen doch noch mehr geben muss, als zu arbeiten und sich auf die Wochenenden zu freuen. Dann schaue ich mir Abends vor dem Einschlafen noch Youtube-Videos an, von Personen, die es meiner Meinung nach geschafft haben. Es scheint, als würden sie einfach das machen, was ihnen wirklich Spaß macht. Damit verdienen sie ihr Geld und davon nicht wenig. Von den unterschiedlichsten Orten der Welt aus lächeln sie zufrieden und glücklich in die Kamera. Wie toll wäre es, auch die ganze Welt zu bereisen und sich um Geld keine Sorgen machen zu müssen. Meinen Bürostuhl würde ich sofort gegen so ein Leben eintauschen. Ich selbst habe bis jetzt nicht mal Europa verlassen.

Als ich klein war, bin ich mit meinen Eltern entweder nach Italien oder an die Ostsee gefahren. Die letzten Jahre habe ich die schönste Zeit des Jahres in der Türkei oder auf den Kanaren verbracht. Jedes Mal, wenn ich am Flughafen bin, schaue ich mir die großen Tafeln an, staune über die tollen Zielflughäfen und wünsche mir an einem anderen Gate anzustehen, als dem nach Antalya oder Palma. Im nächsten Moment beruhige mich dann aber wieder selbst mit dem Gedanken, dass es bei allen meinen Freunden ja auch nicht anders ist. Ich sollte zufrieden sein.

Glaube an dich selbst !

3. Die Hornochsen-Typen

Samstagabend. Ich sitze alleine auf meinem Sofa. Ungeschminkt im rosa Ganzkörper-Overall. Bedruckt mit kleinen Kirschen und Eistüten. Der Overall mit den Einhörnern war leider in meiner Größe ausverkauft.

Auf DVD läuft Bridget Jones, „Schokolade zum Frühstück“. Ich kann nach dem 15. Mal mittlerweile jedes Wort mitsprechen und löffele dabei mein Ben & Jerrys Eis. Eigentlich hatte ich mir den Samstagabend ganz anders vorgestellt. Ich war nämlich verabredet. Mit dem Mann meiner Träume. Zumindest war er das noch bis gestern. Nun geht er ja nicht mehr ans Telefon und antwortet auf keine meiner Nachrichten. Obwohl er doch online war. Um 10 Uhr, um 11.15 Uhr, um 14.37 Uhr... Nicht, dass ich Protokoll führen oder unter Kontrollwahn leiden würde, aber ich muss ja schließlich wissen, woran ich bin.

Ich hatte mir den Abend bereits so toll ausgemalt. Gestern war ich extra noch shoppen, denn ich wollte natürlich umwerfend aussehen in meinem neuen, cremefarbenen Sommerkleid mit den passenden, weißen Schnürsandalen. Die Haare offen, das Make-Up in dezenten Nude-Tönen. Schließlich stehen Männer auf Natürlichkeit. Sagen sie zumindest. Sobald eine aufgetakelte Tussi an ihnen vorbeiläuft, schauen sie dennoch hinterher. Aber mit so einer könnten sie sich natürlich niemals eine feste Beziehung vorstellen. *Ist klar.*

Mein Date jedenfalls wollte mich heute zu Hause abholen und ich habe mir bereits sein Gesicht vorgestellt, wie er mit offenem Mund dasteht, während ich elegant die Treppe runterlaufe. Wie in diesen ganzen US-Serien. Nach dem Essen in meinem Lieblingsrestaurant, bei dem wir uns natürlich prächtig unterhalten und ich über jeden seiner Witze gelacht hätte, egal ob witzig oder nicht, wären wir noch Händchen haltend durch die Straßen geschlendert. Seine Hand in meiner einen, die Eistüte in der anderen Hand. Ein perfekter Abend.

Sogar sein Nachname hätte prima zu meinem Vornamen gepasst. Und meine weiße Kommode wäre sicher toll in seinem Flur zur Geltung gekommen. Sowieso hätte sich für meine Deko überall ein Platz gefunden. Männerwohnungen wirken immer so kalt und leer. Da fehlt einfach das weibliche Gespür für Gemütlichkeit.

Aber das ist jetzt alles Schnee von gestern. Wie jedes Mal. Lisa hatte mich noch gewarnt, mich nicht wieder bereits im Vorfeld in die Sache so sehr rein zu steigern.

Und wieder einmal hatte sie Recht. Sie selbst ist mittlerweile seit drei Jahren mit Marc zusammen und angeblich glücklich. Obwohl sie damals alle ihre Pläne über den Haufen geworfen hat, als sie Marc kennenlernte. Sie wollte immer ihr eigenes kleines Café eröffnen. Mit selbst gemachten Kuchen, Torten, Cupcakes und Waffeln. Und natürlich den besten Kaffeespezialitäten.

Ich fand die Idee super und wollte sie dabei voll und ganz unterstützen. Schließlich bin ich selbst der größte Kaffee-Junkie und liebe Kuchen. Alles war schon bis ins Detail geplant. Sogar die passende Räumlichkeit hatte sie nach ewiger Sucherei entdeckt. Zentral und gut zu erreichen, aber dennoch ruhig gelegen, mit Blick auf den Park.

Alles sollte im Vintage-Stil gestaltet werden. Mit niedlichen kleinen Tischen und Stühlen. Ein Ort zum Wohlfühlen. Und dann kam Marc. Er fand den Plan überhaupt nicht gut. Hatte Befürchtungen, dass der Laden nicht gut laufen würde. Lisa solle lieber weiter in der Bank arbeiten. Da hat sie schließlich einen sicheren Job und einen unbefristeten Vertrag. Alles andere wäre doch Unfug und Träumerei. So hat sich Lisa dann davon beeinflussen lassen und den Café-Traum wieder über den Haufen geworfen.

Ich kann das bis heute nicht verstehen und bin daher kein Freund von Marc. Weil Lisa sich für ihn komplett verändert und alle ihre Träume aufgegeben hat. Auch wenn es Lisa niemals zugeben würde, aber ich merke ihr an, dass sie jedes Mal, wenn wir an dem Laden vorbeilaufen, indem sich mittlerweile ein kleines Dekorationsgeschäft befindet, nachdenklich und traurig wirkt.

Aber dafür hat sie ja jetzt Marc. Während ich nach wie vor meine Samstagabende, auf das große Glück wartend, auf dem Sofa verbringe. Irgendwie habe ich das Gefühl, dass ich immer wieder die falschen Personen in mein Leben ziehe und mich das Pech auf Schritt und Tritt verfolgt.

Es ist jedes Mal das Gleiche. Ich lerne jemanden kennen und entweder ist er zwar lieb und zuvorkommend, hat aber dafür keine eigene Meinung und erdrückt mich förmlich. Oder aber es ist einfach ein Hornochse. Der Typ „ganz normaler Mann“, scheint ausgestorben zu sein oder ist bereits vergeben. Von den Hornochsen gibt es zwei Arten, wie ich mittlerweile festgestellt habe. Die „Einfach-Verschwinder-Hornochsen", die sich ohne jedes

Wort von heute auf morgen feige aus dem Staub machen, was mich jedes Mal wahnsinnig macht. Denn ich hasse Unwissenheit und will lieber wissen, woran ich bin. Es kann doch nicht so schwer sein, einfach die Wahrheit zu sagen und mit offenen Karten zu spielen. Ich frage mich, was in deren Köpfen vor sich geht. Vermutlich gar nichts, weil ihr Kopf nicht das Körperteil ist, von dem sie sich steuern lassen.

Und dann gibt es da noch die „Ausreden-Albert-Einstein-Hornochsen“. Diese Art von Hornochse erfindet die tollsten Geschichten. Sie fühlen sich einfach noch nicht bereit für etwas Festes. Gekrönt von kaputten Smartphones, Todesfällen in der Familie, dubiosen Verletzungen und vieles mehr... alles vorgeschobene Gründe, warum sie uns einfach so versetzen. Ich könnte mittlerweile ein Buch darüber schreiben. Nein, einen ganzen Roman.

Mittlerweile ist es 23.15 Uhr. Die DVD ist zu Ende, das Ben & Jerrys Eis leer. Der Overall hat etwas Schokoladensoße abbekommen. Aber sieht ja sowieso keiner. Von meinem Date habe ich natürlich nach wie vor nichts gehört. Online war er zuletzt um 23.07 Uhr. Vermutlich wird er mein Leben genauso schnell wieder verlassen, wie er es betreten hat. Ich packe ihn gedanklich schon in die Kategorie „Einfach-Verschwinder-Hornochse".

Die nächsten Tage werden zeigen, ob ich Recht behalte, aber mittlerweile habe ich dafür schon ein sehr gutes Gespür entwickelt. Ich wünschte, ich hätte diese Eingebung bereits vor dem ersten Date. Damit könnte ich mir so einiges Gefühlschaos sparen.

Ich starre auf den Fernsehbildschirm. Obwohl der Film längst vorbei ist, bin ich, wie immer, noch vollkommen in Gedanken. Die Nachwirk-Phase ist in vollem Gange. Endlich schaffe ich es, mich aufzurappeln. Ich schalte den Fernseher aus und gehe ins Bad. Gekonnt entferne ich die Schokoladensoße von den Kirschen auf meinem Overall. Danach lege ich mich mit meinem Smartphone ins Bett und tippe bei Youtube in der Suchfunktion „traurige Herzschmerz-Musik“ ein. Die Liste an Liedern scheint endlos. *Gott sei Dank*. Es geht also nicht nur mir so. „0 Treffer“ hätte ich heute definitiv nicht mehr verkraftet. Ich schließe die Augen und lasse mich von der Musik berieseln. Wenn schon niemand da ist, der mich bemitleidet, dann mache ich es eben selbst.

Aber irgendwas ist heute anders. Das mit dem Selbstmitleid will nicht so richtig funktionieren. *Verdammt.*

Was nun? Ich klicke zum nächsten Video. Ein Reisevideo. Das wäre es. Mal wieder raus. Tapetenwechsel. Sonne, Strand, Meer, abschalten. Genau das, was ich jetzt brauche. Morgen mache ich mich direkt auf die Suche nach einem passenden Angebot.

Mit dem Gedanken ans Meer, Cocktails und Strandspaziergängen schlafe ich friedlich zwischen meinen gefühlten 1.000 Kissen ein.

Hinter jeder erfolgreichen Frau

steht.. ein Einhorn !

4. Ich bin dann mal weg

Die Vorfreude steigt. Nur zwei Wochen nach meinem spontanen Reisebeschluss geht es los. Ich hatte ohnehin einige Überstunden und dieses Jahr bislang noch kaum Urlaub. Daher war Krämer direkt einverstanden, als ich mit meinem Urlaubsantrag in sein Büro gestiefelt bin.

„Genieß deinen Urlaub, Kimmy! Du musst mir danach alles bis ins kleinste Detail erzählen", verabschiedet sich Dani von mir an meinem letzten Arbeitstag. *Natürlich, bis ins allerkleinste Detail.* „Das mache ich. Und du hältst solange für mich die Stellung. Lass dich von Krämer nicht unterkriegen", sage ich und umarme sie zum Abschied.

Am nächsten Morgen packe ich noch schnell den neuen, extra eingekauften Bikini in den bereits vollkommen überfüllten Koffer und dann kann es losgehen. Kurzer Koffercheck auf der Waage. 19,8 Kilo. *Puh, das war knapp.*

Wie ich beim Heimflug die 20 Kilo-Marke nicht überschreite, nachdem ich in Palma shoppen gewesen bin, darüber mach ich mir jetzt noch keine Gedanken. Das Pflege-Shampoo für sonnenstrapaziertes Haar, den passenden Conditioner für pflegeintensives Haar, sowie das Protective-Oil-Sonnenhaarspray lasse ich dann eben notfalls im Hotel zurück. Ebenso mein Sortiment an Sonnenmilch und Sonnenöl und der Après-Lotion mit Kokosduft. Das schwerste und platzraubendste sind aber nach wie vor, wie jedes Jahr, meine Schuhe. Ich habe es versucht, aber ich kann mich einfach nicht einschränken. Jedes Paar hat seine 100-prozentige Berechtigung zum Mitflug, um den verschiedenen Outfits den letzten Schliff zu verleihen.

Ich habe Lisa gefragt, ob sie mitfliegen will. Aber leider hat sie so kurzfristig keinen Urlaub bekommen und geht bereits im Juli mit Marc auf Pärchen-Urlaub. Schließlich konnte ich jedoch Sara dazu begeistern, mich zu begleiten. Sara ist meine Friseurin und seit zwei Jahren auch gute Freundin. Ihr Freund Nico hat erst vor kurzem mit ihr Schluss gemacht. Daher schadet ihr ein wenig Ablenkung und Sonne sicher nicht.

Erstaunt schüttele ich den Kopf, als Sara und ich am Check-In Schalter des Flughafens einen Mann mit dem Koffer, in der Größe meines Beauty-Cases, vor uns entdecken. „Wie ist das möglich alle wichtigen Urlaubs-Utensilien in diesem Mini-Koffer zu verstauen?“, flüstere ich Sara erstaunt ins Ohr. „Also die Grundvoraussetzung dazu ist, ein Mann zu sein. Somit sind wir schon mal raus", kichert Sara. Ich grinse. Natürlich dreht sich Mr. Beauty-Case genau in diesem Moment nach hinten um und lächelt mir freudig zu. Schnell schaue ich auf meine Reiseunterlagen.

Endlich sind Sara und ich an der Reihe. Die freundliche Flughafenangestellte begrüßt uns und will unsere Ausweise sehen. Danach soll ich meinen Koffer auf die Waage legen. Ich halte nochmal kurz die Luft an, bevor ich auf das Display schaue. 19,5 Kilo. 300 Gramm weniger als zu Hause. „Da haben Sie ja nochmal Glück gehabt", lacht die Angestellte. Super, der Haar-Conditioner darf vielleicht doch wieder mit nach Hause fliegen und ich selbst wiege eigentlich auch 300 Gramm weniger. Das sind doch mal gute Neuigkeiten.

Nach der Gepäckaufgabe müssen wir noch ca. 20 Minuten warten, bevor es im völlig überfüllten und nicht klimatisierten Bus ab zum Flieger geht. Einen Sitzplatz konnten Sara und ich nicht mehr ergattern. Also hängen wir mit einer Hand in der Luft an der Schleife und umklammern mit der anderen unser Handgepäck. Natürlich steht Mr. Beauty-Case genau neben mir. War ja klar, dass er mein Grinsen von vorhin falsch gedeutet hat. Jetzt darf ich ihm bloß keine Beachtung mehr schenken. Sonst spricht er mich womöglich noch an.

Dummerweise verstehen immer genau die Typen meine Zeichen falsch, auf die ich so gar nicht stehe. Mr. Beauty-Case sieht meine plötzliche Ignoranz nach dem vorherigen Lächeln daher wohl als Herausforderung an und fragt mich lässig, wohin die Reise geht. *Meine Güte.* Wir befinden uns im gleichen Bus, der zum selben Flieger fährt. Wohin soll die Reise also schon gehen? „In den Urlaub", antworte ich kurz und knapp. Sara dreht sich kichernd weg.

Die nächsten zwei Minuten kommen mir wie Stunden vor. Mr. Beauty-Case scheint jede Kurve und jedes Bremsen auszunutzen, um mir jedes Mal, scheinbar ohne dass er etwas dafür kann, auf die Pelle zu rücken. Endlich sind wir am Flugzeug angekommen. Die Türen öffnen sich und ich ergreife schnell die Flucht nach draußen. „Hat mich gefreut", ruft mir Mr. Beauty-Case, alias Thomas, wie ich mittlerweile weiß, obwohl ich nicht gefragt habe, noch hinterher.

Im Flieger angelangt, lasse ich mich in meinen Sitz gleiten, nachdem ich das Handgepäck verstaut habe.

26 B. Eins ist klar. Für „Beinfreiheit“ steht das „B“ definitiv nicht. Aber für die nächsten anderthalb Stunden werde ich es überleben. Ich schließe die Augen und träume davon, irgendwann in der Businessclass zu fliegen.

Das Wasser aus den typischen Plastikbechern, die aussehen, wie ein Joghurtbecher, durch ein Glas Champagner zu ersetzen, die Beine auszustrecken und auf irgendeiner Insel in der Südsee zu landen, mit langen, weißen Traumstränden und kristallklarem Wasser und nicht auf den Kanaren. Das Geräusch der Turbinen holt mich aus meinem Tagtraum. Los geht die Reise. Beim Start werde ich immer leicht nervös. Es ist jedes Mal ein komisches Gefühl, wenn man abhebt und auf einmal keinen Boden mehr unter den Füßen hat. Auch Sara ist angespannt.

Nach 20 Minuten Flug haben wir die Qual der Wahl zwischen Käse- oder Schinkensandwich. „Hummus“, antworte ich der, wie immer perfekt geschminkten, Stewardess zum Spaß, obwohl ich meine vegane Phase längst hinter mir habe. „Das haben wir leider nicht“, bekomme ich freundlich zur Antwort. Natürlich nicht. „Die Stewardessen sehen immer so toll aus“, sagt Sara und hatte somit den gleichen Gedanken. „Wie die das wohl machen?"

„Ich habe keine Ahnung", gebe ich zur Antwort. Ich selbst sehe nach jedem noch so kurzen Flug aus als hätte ich die ganze Nacht durchgemacht, was ich bis heute nicht nachvollziehen kann. Schließlich mache ich während dem Flug ja nichts anderes als sitzen, essen, die Bordprospekte durchschauen und Musik hören.

Ich beiße in mein Käsesandwich, trinke den furchtbarsten Kaffee meines Lebens und lehne mich wieder zurück. In meinem Kopf höre ich, wie ein Mantra *‚Käse oder Schinken? Käse oder Schinken, Käse oder Schinken…?'…*

Nutze deine Positivität und deine

Lebensfreude, um andere

zu inspirieren !

5. Zwischen Begattungsunternehmern und Malle-Divas

Knapp eine Stunde später landen wir in Palma. Kaum trete ich aus dem Flieger, kommt mir sofort dieser vertraute, süßliche Urlaubsduft entgegen. Eine Mischung aus Meer, Salz, Sonne und guter Laune. Sara ist noch nicht wirklich ansprechbar, weil ihre Ohren nach jedem Flug immer vom Druck zufallen. Bevor ich also rumschreie, gebe ich ihr lieber Handzeichen, in welche Richtung wir gehen müssen.

Am Gepäckband beobachte ich amüsiert die angespannten Gesichter der anderen Reisenden, deren Koffer noch nicht auf dem Band zu sehen sind. Na gut, ich bin zugegebenermaßen auch jedes Mal froh, sobald ich meinen Koffer erblicke.

Nachdem wir unser Gepäck abgeholt haben, geht es weiter zum bereits wartenden Reisebus. Nach ungefähr 15 Minuten sind alle Reisenden an Bord und wir fahren los. Bei jedem Hotelstopp hört man wildes Tuscheln. Jeder gibt seine Bewertung zur Anlage ab. Ich beobachte, wie die Dame schräg neben mir manchen Hotels sehnsüchtig hinterherschaut und sich bei anderen wiederum Schadenfreude auf ihrem Gesicht ausbreitet.

Nach mehreren Zwischenstopps erreichen wir endlich unsere Unterkunft für die nächsten 7 Tage.

„Das hast du gut rausgesucht!“, lobt mich Sara. Ja, wir haben es tatsächlich gut erwischt. Ich sehe, wie die Dame aus dem Bus wieder ihren Sehnsuchtsblick aufsetzt, nachdem sie unser Hotel erblickt. Es befindet sich in erster Strandlage. Zu Fuß erreicht man mehrere Cafés, Bars, Clubs und Shopping-Möglichkeiten. So stand es zumindest in der Beschreibung. Davon werden wir uns die nächsten Tage selbst ein Bild machen.

Es ist bereits 18 Uhr. Wir checken ein und machen uns gespannt auf den Weg zu unserem Zimmer im dritten Stock, nachdem uns die Dame am Empfang alle wichtigen Informationen gegeben hat. Vor der Türe angekommen, schiebe ich, wie bei jedem Urlaub, die Karte zum Öffnen erstmal verkehrt herum in den Spalt. Das rote Licht leuchtet. „Andersrum“, meint Sara. „Was du nicht sagst“, lache ich. Nächster Versuch. Alle Zeichen sind auf grün und wir stürmen ins Zimmer. Der Boden ist aus grau-weißem Laminat. Die zwei Betten und die Kommode aus hellem Holz. An der Wand ist ein großer Einbauschrank, der genug Platz für unsere Klamotten bietet. Auf dem Balkon stehen zwei Stühle und ein runder Tisch. Wir haben direkten Meerblick. Auch das Bad ist sauber und modern eingerichtet. „Hier lässt es sich gut aushalten die nächsten Tage“, freut sich Sara. „Allerdings“, antworte ich. Danach stellt sich die übliche „Wer-schläft-wo“ Frage. Wir werden uns schnell einig. Sara nimmt das vordere Bett, weil sie nachts oft auf die Toilette muss. Ich schlafe am Fenster.

Nachdem wir unsere Koffer ausgepackt haben, gehen wir duschen und machen uns danach auf den Weg zum Hotelrestaurant. Das Käsesandwich aus dem Flugzeug hat nicht lange angehalten. Das Buffet ist riesig. Von unzähligen Salaten, bis hin zu verschiedenen Fleisch-, Fisch und vegetarischen Gerichten ist wirklich für jeden Geschmack etwas dabei. Am Nachbartisch höre ich einen Mann über das Essen nörgeln. Ich frage mich, was er denn normalerweise zu Hause isst. Mir ist aufgefallen, dass für gewöhnlich die größten Kritiker genau diejenigen sind, die sonst zu Hause nur Mist in sich hineinfuttern. So wie Krämer.

Nach dem Abendessen erkunden wir die Hotelanlage und die nähere Umgebung, bevor wir uns einen Drink in einer Bar gönnen, nur zwei Straßen von unserem Hotel entfernt. Am Nachbartisch sitzen mehrere männliche, deutsche Urlauber, alle in grellgelben T-Shirts mit der Aufschrift „Begattungsunternehmer“. Sara lacht als sie den Männerhaufen erblickt. „Das sind doch mal Männer mit Niveau“, meint sie ironisch. „Traumschwiegersöhne“, sage ich grinsend. „Welche Frau sich hier wohl auf so einen Kerl einlässt?“, Sara zieht ihre Augenbrauen hoch. „Eine, die entweder kein Deutsch versteht oder selbst ein T-Shirt mit der Aufschrift „Malle-Diva“ trägt“, sage ich. Ob solche Typen auch in der Südsee rumlaufen? Bestimmt nicht.

Um kurz vor Mitternacht fallen wir müde ins Bett. Morgen ist schließlich auch noch ein Tag.

Träume sind da,

um gelebt zu werden !

6. Hornochsen, so weit das Auge reicht

Nach 8 Stunden Schlaf wache ich am nächsten Morgen erholt und ohne Wecker auf. Ich krabbele aus meinem Bett, öffne die Balkontüre und genieße den Ausblick aufs Meer. In den Morgenstunden ist alles immer so ruhig und friedlich. Sara schläft noch, also beschließe ich vor dem Frühstück ein wenig am Strand entlang zu gehen. Mein Weg führt mich vorbei am Pool und an der parkähnlichen Gartenanlage. Noch ist fast niemand unterwegs. Bis auf ein paar ältere Semester, die sich schon mal vor dem Frühstück die besten Strandliegen mit ihren Badetüchern sichern.

Ich ziehe meine Sandalen aus und genieße den Sand unter meinen Füßen. Die Sonne wärmt meine Haut. Es weht ein ganz leichter, angenehmer Wind. Ich gehe weiter vor, bis die Wellen meine Füße umspülen. So könnte jeder Tag beginnen. Von den ersten Sonnenstrahlen geweckt werden, das Fenster öffnen und direkt aufs Meer hinausschauen. Das wäre ein Traum.

Ich merke immer erst, sobald ich mich im Urlaubs- oder Entspannungsmodus befinde, wie schön es ist, nicht ständig auf die Uhr schauen zu müssen. Wie toll wäre es, wenn ich jeden Tag selbst gestalten könnte, so wie ich es will. Ohne Krämer, der mich wahnsinnig macht. Kein Wecker, der morgens um 6.30 Uhr klingelt. *A propos Wecker, ich muss den Weckton noch ändern,* fällt mir ein.

Kein Stau auf dem Weg zur Arbeit. Keine Aktenberge, die sich auf meinem Schreibtisch häufen. Keine aufgezwungenen Pflichttermine. Ich bleibe stehen, schaue wieder aufs Meer hinaus und komme ins Grübeln.

Führt mich der Weg, den ich jetzt gehe, dorthin, wo ich tatsächlich hinmöchte? Was ist aus meinen Träumen und Wünschen von früher geworden?

Als Kind glaubte ich, dass ich alles werden kann, was ich will. Sogar unsichtbar. Dazu brauchte ich nur die Augen schließen. Und schon konnten mich meine Eltern nicht mehr sehen. Ich sie zwar auch nicht, aber das spielte keine Rolle.

Ich träumte davon Sängerin zu werden und mit meiner Girl-Band von einer Stadt zur nächsten zu reisen. Dann wollte ich Schauspielerin werden. Im bezauberndsten Kleid von ganz Hollywood über den roten Teppich schreiten und meinen Oscar für die beste weibliche Hauptrolle entgegennehmen. Sogar meine Dankesrede hatte ich mir schon ganz genau ausgemalt. Schließlich durfte ich auf gar keinen Fall jemanden vergessen.

Und falls das mit der Schauspielerei mir keinen Spaß mehr macht, dann würde ich eben Youtube-Star werden. Und mit meinen Schmink-Tutorials Millionen von Abonnentinnen begeistern. Natürlich könnte ich dann auch endlich den perfekten Lidstrich ziehen und würde nicht mehr aussehen, als wäre mir der edding ausgerutscht.

Ich wollte immer die ganze Welt erkunden. Der Sonne hinterher reisen. Für mich gab es keine Grenzen. Doch dann ist es irgendwann passiert. Ich wurde älter, „vernünftiger". Aus der Schauspielerin ist eine Rechtsanwaltsfachangestellte geworden. Damit meine Eltern zufrieden sind. Auch alle meine Freundinnen sitzen auf einmal im Schreibtischstuhl oder stehen hinter der Theke, anstatt als Girlband auf der Bühne gemeinsam mit mir ein Millionenpublikum zu begeistern.

So zeige ich mein Gesangs-Talent höchstens noch im Auto auf dem Weg zur Arbeit. Das Auto wird zur großen Bühne, das Lenkrad zur Trommel. Mir egal, was die anderen Verkehrsteilnehmer davon halten. Die Lichthupe des entgegenkommenden Autos, erscheint mir wie ein Feuerzeug, das sich im Takt hin und her bewegt. *Hoppla... ein Blitzer.* Und schon bin ich wieder in der Realität und mit dem Alltag verblassen meine Träume nach und nach und ich werde wieder „vernünftig“.

Ich schaue auf und merke, wie weit ich schon gegangen bin. Sara ist mit Sicherheit mittlerweile wach. Also mache ich mich langsam auf den Rückweg zum Hotel. Im Zimmer angekommen, höre ich sie im Bad. „Da bist du ja!“, sagt sie undeutlich mit ihrer Zahnbürste im Mund. „Ich habe mir schon Sorgen gemacht.“ „Alles gut“, erwidere ich, „ich war nur ein wenig am Strand.“ „Da ist doch um die Uhrzeit noch gar nichts los“, meint sie. „Eben“, antworte ich und zieh mir mein korallfarbenes Kleid zum Frühstück an.

Wir betreten den Frühstücksraum. Es gibt alles, was das Herz begehrt. Frisches Obst, Omelettes, Rührei, Waffeln, Brot, Brötchen, verschiedene Aufstriche, eine riesige Käse- und Wursttheke, Müsli, Joghurt und allerlei Gebäck und Kuchen. Verhungern werden wir die nächsten Tage nicht, so viel ist sicher. Natürlich finden sich auch beim Frühstück wieder einige Buffet-Nörgler. Was auch sonst?

Nach dem Essen legen wir uns vollgestopft an den Pool. Ich frage Sara, warum das mit ihr und Nico nicht mehr geklappt hat, nachdem sie dem Thema bisher erfolgreich ausgewichen ist. „Ach weißt du“, sagt sie, „wir haben uns einfach auseinandergelebt.“ „Ihr wart doch gerade mal vier Monate zusammen, wie kann man sich da schon auseinanderleben?“, will ich verdutzt wissen. „Manchmal geht das eben schneller als man denkt“, antwortet Sara, „wir hatten einfach viel zu unterschiedliche Interessen.“

„Ja, aber wieso seid ihr dann überhaupt erst zusammengekommen? Hast du das nicht von Anfang an bemerkt?“, frage ich. „Ich mag es einfach nicht alleine zu sein“, meint Sara. „Ich weiß mit mir nichts anzufangen und brauche immer jemanden, um den ich mich kümmern kann.“ „Das stimmt doch gar nicht. Du bist sehr wohl eigenständig. Wolltest du nicht früher mal deinen eigenen Friseur-Salon aufmachen?“, frage ich. „Ja, schon“, antwortet sie, „aber ich trau mir das einfach nicht zu. Was, wenn der Laden nicht läuft und die Kundschaft ausbleibt? Das ist alles nicht so einfach.“

„Ja, aber was, wenn dein Laden richtig gut läuft? Wenn du nicht mehr nur für deinen jetzigen Hungerlohn arbeiten müsstest, von früh bis spät und am Wochenende? Du hattest doch so viele tolle Ideen“, erwidere ich.

„Jedem, dem ich davon erzählt habe, meinte, ich soll es lieber lassen. Das Risiko ist einfach zu groß“, antwortet Sara traurig, „niemand glaubt an mich“.

„Glaubst du denn an dich?“, frage ich. „Nicht mehr“, bekomme ich zur Antwort. „Manche Träume bleiben eben immer Träume. Komm, lass uns eine Runde schwimmen gehen, mir ist heiß“, sagt sie bestimmt. Thema beendet.

Das Wasser ist kühl. Langsam laufen wir mit hochgezogenen Schultern und eingezogenem Bauch stückchenweise weiter in den Pool, der nach hinten hin immer tiefer wird. „Bei drei“, sage ich. „Okay“, antwortet Sara. Nach dem Countdown überwinden wir den kritischen Bauchnabelbereich und lassen uns quiekend ganz ins kalte Wasser gleiten.

Nach ein paar Sekunden haben wir den ersten Kälteschock erfolgreich überwunden. Wir schwimmen ein paar Runden, lassen uns anschließend von der Sonne trocknen und machen uns dann auf den Weg zur Rezeption. Die nächsten beiden Tage wollen wir mit dem Mietwagen die Insel auf eigene Faust erkunden. Die nette Dame am Empfang, Elena, empfiehlt uns einen Mietwagen-Verleih nur zwei Minuten vom Hotel entfernt.

Während sich Sara noch mit Elena unterhält, beobachte ich ein Pärchen, das wild miteinander diskutiert. *Ärger im Paradies*. Ich versuche zu verstehen, worum es geht.

„Ich bin hier um zu entspannen! Woche für Woche stehe ich von montags bis freitags unter Strom. Manchmal auch samstags und sonntags. Du weißt selbst, wie spät ich in letzter Zeit abends nach Hause gekommen bin und wie stressig alles in der Firma ist“, schnauzt er sie an. „Aber wenn wir schon mal hier sind, will ich nicht nur am Strand oder Pool liegen, sondern auch ein bisschen was von der Insel sehen“, erwidert sie.

„Dass du voller Energie bist, ist mir klar. Du machst ja den ganzen Tag auch nichts anderes als deine Nägel zu lackieren, mit deinen Freundinnen zu frühstücken und mein Geld auf den Putz zu hauen“, antwortet er gereizt. „Du wolltest ja nicht, dass ich meine Boutique weiterführe, sondern alles aufgebe und mich ums Haus kümmere“, sagt sie zornig.

„Das gehört sich ja auch so, ich verdiene schließlich genug für uns beide. Jede andere Frau wäre froh. Aber du? Du führst ein Leben im Paradies, bekommst alles, was du willst, aber bist trotzdem ständig nur am Meckern.

Hast du denn überhaupt kein Verständnis für mich?", fragt er gereizt.

„Alles, was ich will, ist einfach mehr Zeit mit dem Mann zu verbringen, den ich vor drei Jahren geheiratet habe und dessen Arbeitskollegen ihn mittlerweile öfters zu Gesicht bekommen als ich", antwortet sie mit diesem frauentypischen Beben in der Stimme, immer kurz bevor wir in Tränen ausbrechen und die Welt untergeht. Doch sie versucht noch die Fassung zu wahren, schließlich ist die Rezeption voller Urlauber und verschwindet dann auf ihren High Heels stolzierend im Aufzug.

Ich sehe, wie sie vor lauter Wut und Tränen einfach wild auf alle Tasten drückt, damit sich die Aufzugtüren schnell schließen. Ihr Mann schaut ihr nur kurz hinterher, schüttelt den Kopf und durchquert die Rezeption in Richtung Pool. *Idiot.*

„Wahnsinn, wie viele Hornochsen es gibt, wenn man mal so bewusst darauf achtet", sage ich zu Sara und erzähle ihr von dem Ehepaar. „Ja, Single zu sein ist manchmal doch gar nicht so schlecht", lacht sie. Wir machen uns auf den Weg zum Mietwagen-Verleih.

Ein älterer, etwas korpulenter Herr begrüßt uns mit strahlendem Lächeln. „Hola señoritas. Wohin soll denn die Reise gehen?“ Schlagartig muss ich wieder an Mr. Beauty-Case vom Flughafen denken. „Erstmal in die Berge“, antworte ich lächelnd. „Sehr schön. Dort wird es euch gefallen!“, erwidert er und zeigt uns die Auswahl an verfügbaren Mietautos.

Wir entscheiden uns für einen weißen, preiswerten Ford Fiesta, den wir morgen früh abholen können. Den Rest des Tages wollen wir entspannt am Strand verbringen. „An der Bräune zu arbeiten ist doch mal Arbeit, die Spaß macht“, sage ich vor mich hin. „Sowas von“, kichert Sara.

Zwei Liegen von uns entfernt entdecke ich wieder den Kerl aus der Rezeption. Von seiner Frau keine Spur. Vermutlich lackiert sie sich gerade die Nägel oder ist mit seiner Kreditkarte in der teuersten Boutique der Insel shoppen, um die innere Leere mit Klamotten und Schuhen zu kompensieren.

Komisch. Warum geben so viele Frauen ihre Träume für irgendwelche Typen auf? Oder lassen sich einreden, dass sie nicht ausreichend Mumm haben, um ihre Ziele zu erreichen?

Erst lässt sich Lisa von Marc ihren Plan vom eigenen Café ausreden. Dann meint Sara, dass sie nicht gut genug ist, ihren eigenen Salon aufzumachen. Und Miss High Heel von vorhin gibt einfach ihre Boutique für diesen Hornochsen auf, der sie klein hält, anstatt sie bei ihrer Selbstständigkeit zu unterstützen.

Aber ich brauche nichts sagen, schließlich lebe ich selbst nicht meine Träume, sondern versuche Tag für Tag Krämer alles Recht zu machen. Manchmal habe ich so Momente, in denen ich voller Ideen bin, was ich alles auf die Beine stellen könnte. In der nächsten Sekunde ist die Euphorie dann schon wieder verflogen. Immerhin habe ich einen festen Job, eine Wohnung und bin von niemandem abhängig.

Innerlich jedoch bin ich immer auf der Suche nach irgendetwas. Ich weiß nur noch nicht genau was. Und weil ich selbst nicht glücklich bin, versuche ich das Glück bei anderen Personen zu suchen. Ich denke, dass ein Mann mir das geben kann, was mir fehlt.

Deshalb mache ich jeden neuen Typen, den ich kennenlerne, zum Mittelpunkt meines Lebens. Und meine Gefühlslage ist einzig und alleine von ihm abhängig. Meldet er sich bei mir, ist alles bestens. Meldet er sich nicht, versinke ich in Selbstmitleid. *Eigentlich* totaler *Schwach-*

sinn, wenn ich jetzt so darüber nachdenke. Ich sollte anfangen, endlich mein Leben zu leben.

„Hey Träumerin“, holt mich Sara aus meinen Gedanken. „Lass uns ein Eis holen gehen.“

Manchmal ist alles was wir brauchen Schokolade.

Und eine Massage.

7. Sei immer du selbst. Außer du kannst ein Einhorn sein, dann sei ein Einhorn!

„Hola señoritas", begrüßt uns Carlos vom Mietwagen-Verleih am nächsten Morgen wieder. „Euer Wagen steht draußen schon für euch bereit. Bitte morgen Abend wieder vollgetankt zurückbringen. Viel Spaß auf eurer Tour und Vorsicht beim Ausparken!", zwinkert er uns zu. *Okay, wäre also auch geklärt, dass es sich hierbei um ein Deutschlandübergreifendes Vorurteil uns Frauen gegenüber handelt.*

Ich setze mich zuerst hinters Steuer, fahre galant rückwärts aus der Parklücke und schlängele mich gekonnt an den anderen Wägen vorbei. Dann winke ich Carlos zu und drücke aufs Gas. Dem habe ich es gezeigt. „Du kannst die Augen wieder ganz aufmachen und aufhören die Luft anzuhalten, Sara", sage ich. „Wir sind jetzt auf der Hauptstraße." „Ja, ja. Das war aber auch ganz schön knapp gerade, Kimmy", antwortet Sara noch ganz verkrampft.

„Ach was, ich hatte alles im Griff. Wo müssen wir denn jetzt eigentlich lang?", frage ich. „Gute Frage. Da sieht es doch ganz bergig aus", meint Sara und zeigt nach rechts. „Stimmt. Dann lass uns einfach mal hier abbiegen“, sage ich und drehe das Radio auf. Die melodische Stimme eines spanischen Moderators ertönt. Ich verstehe kein Wort.

Sara sucht nach einem anderen Sender. Endlich findet sie einen rauschfreien Kanal. Sie lehnt sich entspannt zurück, streckt ihren Arm aus dem Fenster und lässt den Wind durch ihre Finger gleiten. Ich setze meine Sonnenbrille auf und genieße einfach diesen Moment von Freiheit. Die Sonne scheint, es ist strahlend blauer Himmel und die Landschaft ist einfach nur der Wahnsinn. Langsam geht es eine kurvige Straße bergauf. Wir überholen etliche Mountainbiker, die sich vollkommen verschwitzt den Berg hoch kämpfen. Dann doch lieber motorisiert unterwegs sein.

Nach ca. 45 Minuten Fahrt erreichen wir einen wunderschönen Aussichtspunkt. Ich parke den Wagen auf einem der Parkplätze und wir steigen aus. Vor uns sehen wir atemberaubende Felsen, die bis runter ans blau-grüne Meer reichen. Der Blick ist gigantisch. Wieder einmal wünschte ich, jeder Tag wäre so wie heute.

Nachdem wir ein paar Erinnerungsfotos geschossen haben, geht es weiter zur nächsten Hafenstadt. Vorbei an weiteren Mountainbikern. Die sehen allerdings entspannter aus. Es geht auch gerade abwärts. Eine Stunde später sind wir da. Ich parke den Wagen im Schatten und wir gehen durch die kleinen Gassen bis vor an den Hafen. Das Wasser ist glasklar.

Eine Yacht reiht sich an die andere. „So eine würde ich jetzt sofort gegen unseren Fiesta eintauschen", sage ich zu Sara. „Im nächsten Leben vielleicht", meint sie. „Oder aber wir nehmen unser Leben selbst in die Hand, kommen in zwei, drei Jahren wieder und fahren selbst so eine", entgegne ich. „Du spinnst doch", antwortet Sara.

„Ich glaube die Leute, die sich sowas heute leisten können, haben alle irgendwann mal angefangen zu spinnen und einfach mal etwas gewagt im Leben. Und was machen wir? Tag für Tag das Gleiche, was uns niemals dorthin bringen wird, wo wir hinwollen. Das Einzige, was wir wagen, ist ohne Regenschirm aus dem Haus zu gehen", sage ich lachend.

„Das ist doch schon mal ein Anfang. Immerhin können wir uns noch nach oben hin steigern. Heute ohne Regenschirm. Morgen ohne Pfefferspray. Die Welt gehört uns", Sara grinst und wirft die Arme in die Luft.

Wir setzen uns in ein Café, bestellen uns einen Cappuccino und beobachten die vorbei spazierenden Urlauber. Nachdem unser Koffein-Level wieder im grünen Bereich ist, bummeln wir noch etwas durch die Fußgängerzone. Ich kaufe mir eine neue Sonnenbrille, Sara ein gelb-rosa Strandtuch mit einem weißen Einhorn und dem Spruch: ‚Sei immer du selbst. Außer du kannst ein Einhorn sein, dann sei ein Einhorn!'

Und beide können wir den Laden nicht ohne ein silbernes Fußkettchen mit kleinen Muschelanhängern verlassen. In jedem Urlaub habe ich die Angewohnheit mir irgendein Arm- oder Fußkettchen zu kaufen. Schon aus Prinzip. Danach laufen wir zurück zum Auto.

Du trägst bereits alles, was du brauchst um erfolgreich zu sein, in dir!

8. Die ‚Weltkiste'

Diesmal setzt sich Sara ans Steuer und ich nehme auf dem Beifahrersitz Platz. *Auch mal schön kutschiert zu werden.* Es geht weiter am Meer entlang, die schmale Küstenstraße bergauf. Überall befinden sich kleine Aussichtsplattformen, an denen die Urlauber anhalten, ihre Kameras auspacken und den herrlichen Ausblick bildlich festhalten. Wir erreichen ein kleines Bergdorf und beschließen uns hier ein wenig umzuschauen. Die Häuser sind alle aus hellem Stein mit grünen Fensterläden. Vor den Türen und an den Fenstern stehen Keramiktöpfe mit unterschiedlichen Pflanzen und Blumen, denen es eindeutig besser geht als meinen Pflanzen zu Hause.

„Lass uns hier entlang gehen", sagt Sara und zieht mich in eine kleine, zauberhafte Gasse. Wir entdecken einen Laden, vor dem ein Schild mit der Aufschrift ‚Weltkiste' steht. *Hört sich spannend an.* Erstaunt und mit offenem Mund bleiben wir stehen, nachdem wir die Eingangstüre geöffnet haben. Nie im Leben hätte ich gedacht, dass so viele verschiedene Sachen in einen Raum passen.

Die Wände sind voll mit Uhren, Lampen, Geschirr, kleinen Figuren, Kerzen und alten Möbelstücken. Selbst der Boden ist vollgestellt. Alles sieht so schön aus und versprüht so viel Charme, dass wir gar nicht anders können als einzutreten und uns einen Weg durch den Krimskrams zu suchen. Vorbei an einem Kerzenständer und einer wunderschönen alten Kommode, entdecke ich im Eck eine Vitrine mit verschiedenen Schneeglaskugeln und Schatullen. Alles wirkt so geheimnisvoll. Ich öffne eine der dunklen Holzschatullen und erblicke lauter kleine Kristalle, die in den unterschiedlichsten Farben glitzern. „Kann ich euch irgendwie helfen?", höre ich hinter mir eine Frauenstimme und erschrecke.

„Wir wollen uns nur ein wenig umschauen", sagt Sara. Ihrem Blick nach zu urteilen ist sie genauso beeindruckt und verzaubert von diesem Laden wie ich. „Gerne", erwidert die Frau. Ich betrachte sie etwas genauer und schätze sie so auf Mitte 60. Sie ist mittelgroß, hat dunkelbraune Haare und sieht für ihr Alter immer noch sehr attraktiv aus. Man fühlt sich in ihrer Nähe direkt wohl, weil sie diese gewisse Wärme ausstrahlt. „Woher haben sie all diese Sachen?", frage ich sie neugierig.

„Ach, wisst ihr, ich war mein ganzes Leben immer viel auf Reisen, wie meine Mutter. Dieses Gen habe ich wohl von ihr geerbt. Ich konnte nie lange irgendwo bleiben. Es hat mich immer in die weite Welt gezogen. Egal, wo ich war, ich habe immer etwas mitgenommen. Nach all den Jahren hat sich dann so einiges angehäuft."

„Das ist doch alles sicherlich sehr wertvoll oder?", will Sara wissen. „Ja, das ist es. Ich glaube von manchen Stücken könnte ich mich auch niemals trennen, selbst wenn sie hier ausstehen", lacht sie. „Wie haben sie das denn gemacht mit dem vielen Reisen?", interessiere ich mich. „Das war damals alles gar nicht so einfach. Besonders als Frau. Von mir wurde erwartet früh zu heiraten, Kinder zu bekommen und mich um den Haushalt und die Familie zu kümmern. Aber ich konnte mir all das mit Anfang 20 noch nicht vorstellen.

Ich wollte erst noch die Welt sehen, rausfinden, was ich wirklich im Leben will, bevor ich es mit jemandem teile. Und so bin ich dann einfach losgezogen. Mein Vater hat versucht auf mich einzureden und mich zu überzeugen da zu bleiben. Meine Mutter nicht, sie war früher genauso wie ich und wusste, ich muss meinen Weg gehen, um mein Glück zu finden.

Zuerst habe ich meine Tante in den USA besucht, habe ihr mit den Kindern geholfen und mir das Land angeschaut. Bis ich irgendwann wieder dieses Kribbeln gespürt habe und es mich weitergezogen hat. Ich bin immer offen durchs Leben gegangen und habe dabei so viele Menschen kennengelernt, dass ich mittlerweile auf jedem Kontinent meine Anlaufstellen habe. Nach den USA bin ich weitergereist nach Asien, dann nach Australien und Neuseeland. Überall habe ich Erinnerungen gesammelt, die ich bis heute nicht vergessen habe. Von Neuseeland aus ging es weiter nach Südafrika. Dort habe ich Safari-Touren geleitet. Schaut mal hier." Sie geht zu einer Kommode, öffnet die linke Schublade und holt einen Holzelefanten hervor.

„Der ist noch von damals. Das war die schönste Zeit meines Lebens. In Afrika habe ich auch meinen Mann kennengelernt", erzählt sie und ihre Augen fangen an zu leuchten. „Wart ihr schon mal in Südafrika?", fragt sie uns. Wir schütteln beide den Kopf. „Na dann müsst ihr unbedingt dort hin! Ich habe so viel gesehen und erlebt, wovon ich heute noch meinen Enkeln erzählen kann.

Damals haben alle versucht mich aufzuhalten, als ich ihnen von meinen Reiseplänen erzählt habe. Jeder meinte, es wäre viel zu gefährlich als Frau alleine zu reisen und es würde sich im Übrigen nicht gehören. Kurz habe ich dann tatsächlich auch selbst angefangen zu zweifeln. Aber dann habe ich einfach meinen Koffer gepackt und bin losgezogen. Ich bin sehr froh, dass ich meinen Weg gegangen bin und auf mein Herz gehört habe. Diese Entscheidung habe ich bis heute niemals bereut“, sagt sie mit strahlendem Gesicht. Ich bekomme eine Gänsehaut, als ich ihr zuhöre. Mich bewegen ihre Worte.

„Setzt euch doch. Darf ich euch etwas zum Trinken anbieten? Ich habe selbstgemachte Limonade.“ „Sehr gerne“, antworten Sara und ich gleichzeitig. Wir lassen uns in die Kissen des bequemen alten Sofas an der Wand gleiten. Über uns hängt ein Schwarz-Weiß-Bild von einer jungen, wunderschönen Frau, die mit Fernglas in der Hand in die Kamera lächelt. Im Hintergrund sind Elefanten und Zebras zu erkennen. „Das bin ich. Da war ich allerdings noch ein paar Jahre jünger“, erzählt unsere herzliche Gastgeberin und stellt ein Tablett mit drei Gläsern Limonade auf dem kleinen verschnörkelten Tisch vor uns ab. Sie setzt sich in den Sessel vor uns.

„Das Bild hat mein Mann gemacht, auf einer unserer Safari-Touren. Er war der erste, der mich so akzeptiert hat, wie ich bin. Niemals hat er versucht mich aufzuhalten, sondern hat mich immer bei allen Ideen unterstützt.

Er war genauso verrückt wie ich", lächelt sie. „Das muss schön sein, wenn man seinen Seelenpartner findet", sage ich. „Das ist es. Er war das Puzzleteil, das mir noch gefehlt hat und das größte Geschenk. Aber um dieses Geschenk zu erhalten, musste ich erstmal selbst glücklich werden.

Wisst ihr Kinder, ich habe bei meinen beiden Schwestern und Freundinnen beobachtet, wie sie sich damals haben beeinflussen lassen von ihrem Umfeld. Sie alle haben früh geheiratet, ohne selbst wirklich gelebt zu haben. Meine eine Schwester ist bis heute glücklich.

Sie und ihr Mann haben sich Gott sei Dank in die gleiche Richtung entwickelt. Bei meiner anderen Schwester merke ich jedoch, dass sie sich selbst aufgegeben hat. Sie würde es mir gegenüber zwar niemals zugeben, aber ich glaube sie wünscht sich bis heute, dass sie damals mit mir mitgekommen wäre." Sara und ich hören gespannt zu und ziehen an unseren Strohhalmen. *Definitiv die beste Limonade, die ich jemals getrunken habe.*

„Ich habe über all die Jahre gelernt, dass einer der wichtigsten Faktoren um glücklich zu werden, darin besteht, dass man anfängt sein Glück nicht von anderen Personen abhängig zu machen", fährt sie weiter fort. „Die einzige Person, die ihr für euer Glück verantwortlich machen dürft, das seid ihr selbst. Für mich war es damals wichtig, die Reise ins Unbekannte zu wagen, um das herauszufinden. Ich wusste nicht genau, was mich alles erwarten würde. Aber ich wollte meine eigenen Erfahrungen sammeln. Und es hat sich gelohnt. Ich habe das gemacht, was mir Spaß macht, alles andere kam von selbst. Auf einmal war ich nur noch von Menschen umgeben, die genauso dachten, wie ich. Und ich habe den Mann meines Lebens kennengelernt. Ohne nach ihm zu suchen. Er ist in mein Leben getreten, als ich angefangen habe, meine Träume umzusetzen. So, jetzt habe ich euch aber lange genug aufgehalten. Ihr wollt sicher noch weiter die Gegend erkunden."

Ich schaue auf meine Uhr. Es ist bereits 15 Uhr. Die Zeit ist wie im Flug vergangen. „Das war alles wahnsinnig interessant. Ich könnte Ihnen stundenlang zuhören. Vielen Dank für die Limo und dass sie uns ihre Geschichte erzählt haben", sage ich und stehe langsam vom Sofa auf.

„Sehr gerne. Ihr seid jederzeit herzlich Willkommen", antwortet sie. „Hier, bevor ihr geht, möchte ich euch eine Kleinigkeit schenken." Sie geht zu einem Schrank an der

Wand, auf dem eine kleine Holzkiste steht und kommt zurück mit zwei Kristallarmbändern. An jedem Armband befindet sich ein kleiner Anhänger mit einem eingravierten Symbol.

„Danke. Die sind wunderschön. Wofür steht dieses Zeichen?“, frage ich. „Für den Glauben an euch selbst“, gibt sie zur Antwort. „Danke für Alles“, verabschiedet sich auch Sara.

Wir verlassen den kleinen Laden und laufen noch ganz gedankenverloren zurück in Richtung Auto. Saras Magen meldet sich lautstark zu Wort. Erst jetzt fällt uns auf, dass wir seit dem Frühstück nichts gegessen haben und beschließen vor der Heimfahrt noch irgendwo einzukehren. Drei Straßen weiter finden wir ein kleines Restaurant und bestellen uns auf Empfehlung des Küchenchefs Paella.

„Iiiih, da sind ja Muscheln drin“, kreischt Sara nachdem uns der Kellner das Essen serviert hat. „Das ist ja auch Paella“, sage ich. „Hast du denn noch nie Paella gegessen?“ Sara antwortet: „Nein, so viel komme ich ja nicht rum!“. „Dann probiere doch wenigstens mal“, fordere ich sie auf. Sara nimmt ihre Gabel und beäugt kritisch den Reis und die aufgespießte Muschel. Ich ermuntere sie mit einem Kopfnicken. „Und?“, frage ich. „Du hast Recht. Gar nicht mal so übel“, erwidert Sara mit vollem Mund und grinst.

„Na, siehst du. Ich bin stolz auf dich. Du wirst auch noch zur Weltenbummlerin. Ohne Regenschirm, ohne Pfefferspray und jetzt sogar offen für kulinarische Neuheiten“, ziehe ich sie auf. „Du spinnst doch“, antwortet sie und feuert mit ihrer Gabel ein paar Reiskörner in meine Richtung. Wir kichern. Ein paar der anderen Gäste, inklusive Kellner, beäugen uns kritisch. Aber das ist uns egal. Nach dem Essen machen wir uns auf den Heimweg, zurück zum Hotel.

Starke Frauen beeindruckt

man(n) nicht mit Geld. Sondern

mit Ehrlichkeit, Liebe

und Respekt !

9. Das perfekte Vogelnest

Am nächsten Tag steht eine Shopping-Tour durch Palma auf unserem Programm, die unsere Urlaubskasse drastisch schmälert. „Ich habe keine Ahnung, wie ich das alles in meinem Koffer unterbringen soll“, sage ich verzweifelt zu Sara. „Koffer sind viel elastischer als man denkt“, macht sie mir Mut. Am späten Nachmittag bringen wir unseren Fiesta vollgetankt zurück zum Mietwagen-Verleih. Carlos prüft kritisch die Karosserie, vermutlich auf der Suche nach Einpark-Kratzern. „Da können Sie lange suchen“, sage ich lächelnd zu ihm. „Alles nur Routine“, zwinkert er mir zu.

Die nächsten zwei Tage verbringen wir entspannt am Strand, gehen schnorcheln und erkunden zu Fuß die Gegend. „Lass uns heute nochmal richtig ausgehen“, sage ich zu Sara an unserem vorletzten Abend. „Das klingt sehr gut!“, meint sie freudig. Nach dem Abendessen verschwinden wir also auf unserem Zimmer, hören Musik, um uns in Stimmung zu bringen und machen uns Ausgehfertig. Sara steht vorm Spiegel im Bad. Ihre Haare wollen mal wieder nicht so, wie sie will. Das Glätteisen muss herhalten. Sie arbeitet sich Strähne für Strähne mit

200 Grad durch ihre Mähne. „Endlich fertig! Aber wo ist auf einmal mein ganzes Volumen hin? Gibst du mir mal schnell den Toupierkamm, bitte?“, ruft sie leicht hysterisch zu mir rüber. Ich reiche ihr wortlos den Kamm und verschwinde wieder im Zimmer um mich anzuziehen.

Fünf Minuten später der nächste Aufschrei. „Ich bleibe im Hotel!“, höre ich sie verzweifelt. „Was ist denn los?“, frage ich. „Ich sehe aus, als würde ein Vogel direkt auf meinem Kopf nisten!“, bekomme ich zur Antwort. „Hätte ich doch alles so gelassen, wie es war. Diesen Anblick kann ich niemandem antun! Dabei bin ich selbst Friseurin. Bei meinen Kundinnen bekomme ich alles immer super hin, nur bei mir selbst nicht.“

Ich laufe ins Bad, um mir mein eigenes Bild zu machen. „Sara, ich sehe weder ein Vogelnest, noch zu wenig Volumen, noch sonst irgendetwas, das auch nur im Entferntesten komisch aussieht. Das Einzige, was ich sehe, ist eine wunderschöne junge Frau, die krampfhaft versucht perfekt zu sein, obwohl sie es schon längst ist.“ Sara fängt an zu schluchzen. „Ja, aber Nico hat immer an meinem Aussehen herumgenörgelt. Vollkommen zu Recht.“

„Nico ist ein Hornochse und es wird Zeit, dass du ihn ganz schnell vergisst! Du siehst umwerfend aus. Jeder Mann auf dem Planeten kann von Glück reden, wenn er dich an seiner Seite hat. Und jetzt lass uns ausgehen und Spaß haben!“, ermuntere ich sie. „Meinst du?“, fragt sie mich immer noch skeptisch. „Zu 100 Prozent!“, erwidere ich. Sara dreht sich um und umarmt mich. „Also gut. Ich vertraue dir. Die Nacht gehört uns!“

Wir ziehen von einer Bar zur nächsten, lachen und tanzen bis in die frühen Morgenstunden. Sara bekommt ein Kompliment nach dem anderen. Ich merke, wie sie aufblüht und ihr Selbstbewusstsein steigt. Sie sieht glücklich aus und das macht sie wunderschön. Die Woche Urlaub hat ihr definitiv gutgetan. Genau wie mir.

Um fünf Uhr morgens fallen wir erschöpft in unsere Betten. „Was für eine Nacht“, flüstert Sara. „Und ich wollte erst im Hotel bleiben. Gott sei Dank hast du mich umgestimmt. Weißt du, ich habe mir die letzten Wochen und Monate selbst so viel Druck gemacht. Immer wollte ich alles perfekt machen und Nico gefallen.

Jetzt merke ich erstmal, wie bescheuert das gewesen ist. Ich habe so viele Sachen vor mich hergeschoben, weil ich dachte, dass ich nicht gut genug bin. Angefangen von meinem Äußeren, bis hin zu meinen Fähigkeiten. Ständig habe ich mich von anderen beeinflussen lassen. Damit ist jetzt Schluss!", sagt Sara bestimmt.

Sie hat Recht. Wir Frauen neigen wirklich zum Perfektionismus. Von allen Seiten werden wir täglich mit scheinbarer Perfektion bombardiert und definieren uns daraufhin nur noch über unser Äußeres. Ständig vergleichen wir uns mit anderen und machen uns damit selbst unglücklich. Männer kaufen sich teure Autos, um uns zu imponieren. Wir Frauen basteln an uns selbst herum, um die Männerwelt zu beeindrucken. Und was ziehen wir dadurch an? Oberflächliche Hornochsen. Das kann natürlich auf Dauer nicht gut gehen. Wir sollten uns nicht verstellen und anfangen unser Leben zu genießen und uns selbst zu lieben. Die alte Frau aus dem Bergdorf kommt mir wieder in den Sinn. Sie hat alles richtig gemacht.

Es ist bereits Mittag als Sara und ich aufwachen. Die Sonne scheint, wie jeden Tag, seitdem wir hier sind. Das erste Mal kommt uns das „Spätaufsteher-Frühstück" zugute. Den Nachmittag verbringen wir am Strand und beschließen an unserem letzten Abend nochmal schick essen zu gehen. Bei einem unserer Ausflüge haben wir dieses tolle Restaurant entdeckt, mit Terrasse und Blick aufs Meer.

„Was bestellst du dir?“, frage ich Sara. „Paella natürlich“, antwortet sie. „Da ist wohl jemand auf den Geschmack gekommen“, lache ich. Ich kann mich nicht entscheiden. Nudeln oder doch Pizza? Meine Wahl fällt auf Tagliatelle mit Lachs. Doch kaum habe ich bestellt, serviert der Kellner am Nebentisch Pizza. *Mist, die sieht aber auch gut aus!* Sara fängt meinen Blick auf und lacht. „Oh Kimmy, du willst immer genau das, was du gerade nicht hast!“, sagt sie.

Da ist was Wahres dran. Wenn ich so darüber nachdenke, dann lebe ich meistens in der Zukunft oder in der Vergangenheit. Das geht schon bei meiner Frisur los. Ich schaue mir alte Fotos an und denke mir: *Wow, so sollen meine Haare wieder aussehen!* Absurderweise war ich zum damaligen Zeitpunkt aber auch nicht zufrieden. Oder ich male mir aus, wie mein Leben sein könnte. Vor lauter „damals“ und „was wäre wenn“ vergesse ich vollkommen das JETZT. Ich nippe an meinem Weinglas, schaue aufs Meer hinaus und lasse die letzten Tage Revue passieren.

Der Kellner serviert unser Essen und holt mich aus meinen Gedanken. „Lasst es euch schmecken, señoritas!“, sagt er und stellt die Teller vor uns ab. Jetzt bin ich doch froh über meine Tagliatelle. „Ich bin am Verhungern!“, meint Sara und macht sich über ihre Paella her.

Coache eine Frau und sie kann die Welt verändern.

10. Zeit für Veränderung

Am nächsten Morgen genießen wir noch ein letztes Mal den Blick aufs Meer und packen nach dem Frühstück unsere Koffer fertig. Danach prüfen wir unser Hotelzimmer, damit wir auch ja nichts vergessen. Der obligatorische ‚Blick-unters-Bett' darf dabei natürlich nicht fehlen. Ein paar meiner Klamotten musste ich im Handgepäck verstauen. Und aufgrund unserer ausgiebigen Shopping-Tour durch Palma lasse ich mein Shampoo und Conditioner schweren Herzens zurück und mache einen Schmollmund.

„Sie werden es hier sicher gut haben", scherzt Sara. „Die beiden waren noch nie von mir getrennt und alleine so weit von zu Hause weg. Würdest du uns bitte noch einen kleinen Moment alleine lassen?", gehe ich darauf ein. „Kimmy, hat dir schon mal jemand gesagt, dass du einen an der Waffel hast?", lacht Sara.

Wir verlassen das Zimmer, checken aus und warten vor dem Hotel auf den Reisebus, der uns zurück zum Flughafen fährt. Nach ca. fünf Minuten kommt er auch schon angefahren und wir steigen ein. Der Bus ist noch fast leer bis auf... *Oh nein, das darf doch nicht wahr sein!* Mr. Beauty-Case, alias Thomas, himself. Er winkt uns freudig entgegen. „Hallo die Damen! Neben mir ist noch Platz!“, ruft er uns zu. *Am anderen Ende des Busses auch,* denke ich mir. „Das wäre dann wohl unsere gute Tat für heute“, meint Sara kichernd und steuert in Richtung Thomas. Der Busfahrer verstaut unsere Koffer im Gepäckraum. Dann geht es los zum Flughafen. Thomas erzählt uns lang und breit von seinem Urlaub, scheinbar ohne einmal Luft zu holen.

Ich sollte versuchen ihn mit Dani zu verkuppeln. *Wobei, wenn beide den ganzen Tag reden, wer hört dann wem zu?* Ich verwerfe den Gedanken direkt wieder.

Am Flughafen angekommen, reihen wir uns in die Schlange zu unserem Gate ein. Eine gute Stunde später sitzen wir bereits im Flieger. Dieses Mal habe ich einen Fensterplatz. Auf dem Rückflug sage ich kaum ein Wort. „Was ist denn los?“, fragt mich Sara besorgt. „Ich habe jetzt schon wieder Fernweh, obwohl wir noch nicht mal zu Hause sind. Und ich weiß nicht, wie es weitergehen soll“, antworte ich. „Wie meinst du das, du weißt nicht wie es weitergehen soll?“, erkundigt sich Sara. „Mein Leben, mein Job. Mich erfüllt das alles einfach nicht. Das ist mir die letzten Tage wieder bewusst geworden. Ich will die Welt sehen, frei sein und noch so viel erleben, wie die alte Frau aus dem Bergdorf. Aber ich weiß nicht, wie ich das anstellen soll“, sage ich zerknirscht.

„Ach Kimmy. Ich habe da eine Idee. Ein Bekannter von mir tickt ganz ähnlich wie du. David. Er hat früher auf der Bank gearbeitet, war damit aber auch nicht so wirklich zufrieden. Mittlerweile ist er selbstständig und macht sehr viel im Online-Bereich, soweit ich weiß, da er auch gerne reist und unterwegs ist. So ganz verstehe ich ehrlich gesagt bis heute nicht, was er eigentlich genau macht. Vor zwei Jahren hat er damit nebenberuflich angefangen und jetzt macht er nichts Anderes mehr. Ich glaube er sucht immer wieder mal nach Personen, um sein Geschäft weiter auszubauen. Du kannst ihm ja mal schreiben und dich mit ihm austauschen. Vielleicht wäre das ja was für dich“, meint Sara. Meine Miene hellt sich etwas auf. „Hört sich interessant an. Ja, gib mir mal seine Nummer. Dann kontaktiere ich ihn sobald wir zu Hause sind. Ich habe ja nichts zu verlieren“, antworte ich.

Zwei Wochen später. Es ist Donnerstagabend. Zum Glück bald Wochenende. So langsam habe ich mich wieder zu Hause eingelebt. Aber ich vermisse nach wie vor den Strand und das Meer. Der Alltag und die Routine haben mich wieder voll im Griff. Ich beschließe Sara anzurufen. Nach unserem Urlaub hatten wir kaum Kontakt.

„Hey Sara, wie geht‘s dir?“, frage ich sie. „Kimmy, schön, dass du dich meldest! Mir geht‘s gut und dir?“, erkundigt sie sich. „Naja, ich könnte schon wieder weg“, lache ich. „In der Kanzlei herrscht das reinste Chaos. Es ist so viel liegengeblieben, als ich nicht da war.“ „Hast du dich denn schon bei David gemeldet?“, will Sara wissen. „Noch nicht“, antworte ich ehrlich. „Dann mach das Kimmy. Ich habe ihm gesagt, dass du ihn anrufst. Ich muss jetzt gleich los“, meint sie, „In Ordnung. Ich kontaktiere ihn heute noch“, verspreche ich ihr und füge hinzu: „Lass uns die Tage mal wieder auf einen Kaffee treffen.“ „Gerne! Bis bald, Liebes“, sagt Sara und legt auf.

Ich laufe in die Küche. Der Zettel mit Davids Telefonnummer liegt immer noch auf dem Küchentisch. Ich umkreise ihn systematisch und beschließe erstmal die Wohnung aufzuräumen und zu putzen. *Ich Angsthase.*

Als ich meine Klamotten in den Schrank räume, fällt etwas auf den Boden. Ich schaue nach unten und erblicke das Kristallarmband, das mir die alte Frau auf Mallorca geschenkt hat. Mir fällt auf, dass ich nicht einmal ihren Namen weiß. Dafür den Namen von Mr. Beauty-Case,

Thomas. *Klasse*. Das fällt definitiv in die Kategorie „unnützes Wissen". Ich hebe das Armband auf und halte es ins Licht. Die Kristalle glitzern wie magisch.

Die Worte der alten Frau kommen mir wieder in den Sinn, als ich mit dem Anhänger zwischen meinen Fingern spiele. *Glaube an mich selbst.* Ich überlege kurz, dann lasse ich alles stehen und liegen, gehe in die Küche und schnappe mir mein Smartphone, das ich vorhin ans Ladekabel gehängt habe, obwohl es noch 76 % Akku hat. Das ist so eine Angewohnheit von mir. Ich liebe einfach diesen vollen grünen Lade-Balken. Falls ich mal kurzfristig außer Haus muss, bin ich damit immer bestens gerüstet.

Langsam wähle ich mit pochendem Herzens Davids Nummer und drücke auf den grünen Hörer. Es klingelt. Einmal. Zweimal. Dreimal. Irgendwie bin ich schon fast leicht erleichtert, doch dann hebt David ab. „David Berger, hallo?"

„Hi David, Kim hier. Ich habe deine Nummer von Sara. Sie meinte ich kann mich mal bei dir melden wegen dieser Online-Sache", zwitschere ich vor lauter Aufregung, mit viel zu hoher Stimme ins Telefon. „Hi Kim. Schön, dass du dich meldest. Richtig, Sara hat mir schon

Bescheid gegeben. Du kommst doch auch aus Frankfurt oder?“, fragt er mich.

Seine Stimme klingt schon mal sehr sympathisch. Unbewusst stelle ich mir direkt ein Gesicht zur Stimme vor. „Ja, genau“, antworte ich und laufe aufgeregt von einem Zimmer ins andere. Unmöglich jetzt still zu sitzen. „Perfekt. Pass auf Kim, ich bin gerade auf dem Sprung. Aber wie wäre es, wenn wir uns Samstagnachmittag auf einen Kaffee in der Stadt treffen. Dann nehme ich mir die Zeit und erzähle dir gerne mehr. Hört sich das gut an?“, fragt David. „Das wäre super“, antworte ich. „Klasse. Wann passt es dir denn besser, um 15 oder 16 Uhr?“ „16 Uhr wäre mir lieber“, erwidere ich, obwohl es mir eigentlich egal ist, da ich Samstag ohnehin nichts vorhabe. Aber das muss David ja nicht wissen. Ich will gefragt und beschäftigt wirken.

„Super. Dann treffen wir uns im Starbucks an der Zeil. Ich bin kurz vor 16 Uhr dort und warte auf dich am Eingang“, sagt David. „Alles klar, David. Dann sehen wir uns Übermorgen“, verabschiede ich mich. „Super. Ach und Kim?“ „Ja?“, frage ich. „Es gibt so Personen, die sagen zu und kurzfristig wieder ab. Bist du auch so jemand?“, ich höre an seiner Stimme, dass er lächelt. „Du kannst dich auf mich verlassen“, antworte ich und lächle ebenfalls. „Perfekt, dann bis Samstag, Kim. Ich wünsche dir noch einen schönen Abend“, verabschiedet sich David.

Ich lege auf und bin jetzt schon gespannt, was mich am Samstag erwartet. Auf einmal fühle ich mich voller Energie und bin stolz, dass ich den Anruf endlich getätigt habe. War ja auch gar nicht so schlimm. David scheint wirklich in Ordnung zu sein. Ich drehe das Radio auf und fange an die Fenster zu putzen. Es ist zwar schon 21 Uhr, aber noch nicht dunkel. Mir egal, was die Nachbarn denken. Irgendwie muss ich die überschüssige Energie ja jetzt loswerden.

Am nächsten Morgen sitze ich müde in der Kanzlei. Selbst nach der Fensterputzaktion war ich noch aufgedreht und konnte nicht gleich einschlafen. Ich gehe in die Kaffeeküche. Normalerweise hole ich mir erst gegen 10 Uhr meine zweite Tasse Kaffee. Aber heute ist einer dieser Tage, an denen der Coffee-To-Go von Paolo wenig Wirkung zeigt. Die Bohnen sind leer. *Juhuuu*. Freudig öffne ich eine neue Kaffeepackung, stecke meine Nase halb in die Tüte und atme tief ein. Ich liebe den Duft von frischen Kaffeebohnen. Hoffentlich ist in der Küche keine verstecke Kamera installiert. Mit Koffein bewaffnet kehre ich zurück an meinen Arbeitsplatz.

10 Minuten später kommt Dani in mein Büro. „Guten Morgen Kimmy“, trällert sie und schaut mich an: „Oh, hast du die Nacht durchgemacht?“ „So in der Art. Ich habe nicht so gut geschlafen“, antworte ich. „Das kenne ich“, meint Dani und fängt wieder an von sich zu erzählen. Dani kennt grundsätzlich alles und hat jede Situation schon selbst erlebt. Nur natürlich noch dramatischer.

Ähnlich, wie bei älteren Leuten, die versuchen, sich mit ihren Erzählungen über ihre Krankheitsbilder zu übertrumpfen. Vermutlich bekommt derjenige, der am kränksten ist, eine Orden verliehen oder so. Anders kann ich es mir nicht erklären. Erst als das Telefon am Empfang klingelt, unterbricht Dani ihren ausführlichen Bericht und verschwindet im Flur.

Krämer ist heute den ganzen Tag auf einem Auswärtstermin. Also habe ich meine Ruhe und kann eins nach dem anderen erledigen, ohne dass sich ständig die Verbindungstüre öffnet, sich neue Akten auf meinem Schreibtisch stapeln oder ich Aufgaben bekomme, die „bereits gestern“ erledigt sein sollten.

Ich schaue aus dem Fenster. Draußen ist herrliches Wetter. Ich kann es kaum erwarten bis der Zeiger meiner Uhr endlich auf der 17 steht. Auf meinem Bildschirmschoner erscheint ein Traumstrand nach dem nächsten. Ich schlürfe meinen Kaffee und starre auf den Monitor. Mein persönlicher, täglicher Zwei-Minuten-Kurzurlaub.

Nach der Arbeit düse ich schnell nach Hause, schlüpfe in meine Sportsachen und gehe erstmal eine Runde laufen. Für mich der perfekte Ausgleich, um den Kopf freizubekommen, nachdem ich mich den ganzen Tag durch die verschiedensten Unterlagen gewühlt habe. Danach springe ich unter die Dusche und probiere mein neues Einhorn-Duschgel aus. „Regenbogendusche mit Sternchen und Wölkchenduft", steht auf der Verpackung. Ich habe keine Ahnung, wonach Sternchen und Wölkchen duften, aber gleich werde ich es wissen.

Ich drehe den Wasserhahn auf und genieße die Abkühlung. Draußen hat es gefühlte 40 Grad. Ich bin zwar überwiegend im Schatten gelaufen, aber dennoch komplett überhitzt. Ein angenehm süßlich-fruchtiger Duft breitet sich im Bad aus. *So riecht es also bei den Sternen und Wolken.* Grund genug, um irgendwann das Fliegen zu lernen.

Nach dem Duschen habe ich einen Riesenhunger. Mal schauen, was der Kühlschrank so hergibt. Ich gehe im Bademantel in die Küche. Morgen muss ich definitiv einkaufen gehen. Für ein buntes Omlette aus allerlei Resten und einen Salat reicht es jedoch noch.

Eigentlich war ich mit Lisa verabredet. Wir haben uns ewig nicht gesehen, wollten den neuen Sushi-Laden ausprobieren und ins Kino gehen. Aber sie hat mir vorhin kurzfristig abgesagt. Frauenprobleme. Ich stelle mir vor, wie sie auf dem Sofa sitzt, in Schlabberklamotten, mit Dutt im Haar, einer Tasse Tee in der Hand und sich von Marc bedienen lässt. Wenn Lisa ihre Tage hat, ist das fast so schlimm wie ein Männerschnupfen. Auch wenn Marc und ich nicht die besten Freunde sind, weil ich Lisa nicht mehr wiedererkenne, seitdem sie mit ihm zusammen ist, so tut er mir jetzt doch ein wenig leid.

Nach dem exquisiten Single-Dinner fahre ich meinen Laptop hoch, melde mich bei Facebook an und gebe in die Suchleiste „David Berger“ ein. Der erste David, der mir angezeigt wird, scheint der Richtige zu sein. *Eine gemeinsame Freundin. Sara Winter.* Wollen wir doch mal schauen, was sein Profil so hergibt.

Das Profilfoto wirkt schon mal sehr sympathisch. Er lächelt mir entgegen. Dunkelbraune Haare, freundliche grün-graue Augen. Ganz anders, als ich ihn mir vorgestellt hatte. Ich klicke mich durch seine Fotos. Sara hatte Recht. Er scheint wirklich ganz schön viel rumzukommen. Auf jedem Bild wirkt er fröhlich und ausgelassen. Ich bin gespannt, was mich morgen erwartet.

Wenn du es dir vorstellen kannst,

dann kannst du es auch umsetzen !

11. Als „Zuckerschnute“ durchs Leben

Samstagvormittag, alias „wir-werden-morgen-alle-verhungern-wenn-wir-heute-nicht-einkaufen-gehen-Tag“. Ich verzweifle auf der Suche nach einem Parkplatz vor dem Supermarkt. Ein kurzer Hoffnungsschimmer, der sofort wieder verschwindet als ich den kleinen Smart erblicke, der vom davor stehenden Mercedes verdeckt ist.

Irgendwann resigniere ich und stelle mich auf den Mutter-Kind-Parkplatz. *Mein Auto ist schließlich ein bisschen wie mein Baby*, versuche ich mein schlechtes Gewissen zu beruhigen.

Als ich nach dem Wühlen durch das Getümmel an der Kasse stehe, schreibt mir David, um unseren Termin noch einmal zu bestätigen. Ich antworte ihm und frage, ob ich irgendetwas mitbringen soll. Ich habe nämlich keine Ahnung, wie das Gespräch verlaufen wird. „Offenheit für Neues“, antwortet er mir mit einem Zwinkersmilie. Ich muss lächeln.

Nach dem Einkaufen überlege ich mir, was ich anziehe und entscheide mich, aufgrund der nach wie vor heißen Temperaturen, für ein zartgelbes, ärmelloses Sommerkleid, dazu meine neuen goldenen Sandalen. Ich schreibe Sara eine Nachricht, dass ich mich gleich mit

David treffe. Sie arbeitet gerade im Salon und schickt mir daher nur kurz einen Daumen nach oben zurück. Ob es ein Daumen nach oben wird, zeigt sich nachher. Ein letzter kritischer Blick in den Spiegel. *Naja.* Ich hatte das Kleid nach dem Kauf bisher noch nicht wieder an. Bei der Frau im Laden, bei der ich es ursprünglich gesehen hatte, wirkte es ganz anders. Irgendwie besser. Aber vermutlich bilde ich mir das nur ein. Dani sagt immer, dass wir Frauen von Natur aus dazu neigen, uns mit anderen Frauen zu vergleichen.

Da hat sie Recht. Ich wäre auch gerne wie Angelina Jolie. Schauspielerin, Filmregisseurin, Drehbuchautorin und Filmproduzentin. Sowie gleichzeitig Mama und engagiert in sozialen Projekten, einschließlich dem Umweltschutz. Wo nimmt diese Frau nur ihre Zeit her?

Die einzigen Filme, die ich produziere, sind die in meinem Kopf. Aber das sind echte Blockbuster, das muss man mir lassen. Dabei entwickle ich fast sogar wahrsagerische Fähigkeiten. Mein letztes soziales Projekt ist ewig her. Sofern man das Ausräumen der Spülmaschine meiner Mutter als soziales Projekt bezeichnen kann. Und Umweltschutz? Sogar die Pflanzen in meiner Wohnung haben schon bessere Zeiten erlebt. Zu viel Wasser, zu wenig. Ein zu heller Platz, dann wieder zu wenig Sonne. Die wissen auch nicht, was sie wollen. Um zwanzig vor 4 Uhr mache ich mich auf den Weg. Ich lasse mein Auto stehen und nehme dieses Mal die S-Bahn.

Schon von weitem erkenne ich David vor dem Starbucks. Er trägt beige Shorts, ein weißes T-Shirt und ein kurzärmeliges Jeanshemd. Style hat er schon mal. Aber das wusste ich bereits nachdem ich sein Facebook-Profil gestalkt hatte.

Er sieht mich und winkt mir zu. „Hi Kim, freut mich dich kennenzulernen“, begrüßt er mich herzlich und reicht mir seine Hand. „Hi David, freut mich auch“, antworte ich. „Lass uns reingehen“, sagt er und hält mir die Türe auf. Ich gehe voran in Richtung Theke. „Was möchtest du trinken?“, fragt mich David. „Irgendwas Kaltes“, antworte ich.

„Irgendwas haben sie leider gerade nicht“, zieht er mich auf. Ich lache. „Gut, dann eben einen Eistee“, sage ich und greife in den Kühlschrank neben der Theke. David nimmt sich auch eine Flasche und geht an die Kasse zum Bezahlen. „Dankeschön“, sage ich. „Nicht dafür. Da vorne ist noch was frei“, er zeigt auf einen Platz im Eck.

Wir machen es uns bequem. „Erzähl mal. Was hat dich dazu bewegt mich anzurufen?“, fragt er mich.

„Das lässt sich gar nicht so in zwei Sätze fassen“, sage ich. „Kein Problem, ich habe etwas Zeit mitgebracht. Und ich bin ein guter Zuhörer“, zwinkert mir David zu. „Also gut. Ich war vor kurzem mit Sara im Urlaub. Und da ist mir wieder mal so einiges klargeworden. Früher hatte ich immer große Träume, was ich einmal alles sehen und erleben will. Jetzt hat sich das alles irgendwie in Luft aufgelöst. Ich habe das Gefühl, dass ich nicht richtig vorankomme in meinem Leben. Mit meinem Job bin ich nicht wirklich zufrieden. Daher dreht sich bei mir alles nur ums Wochenende und das ist jedes Mal so unglaublich schnell wieder vorbei“, sage ich emotionsgeladen. David hört mir aufmerksam zu. „Ich weiß nicht, wie ich es richtig ausdrücken soll. Mir reicht das einfach nicht“, lasse ich meinen Gefühlen freien Lauf.

Seltsam, normalerweise bin ich nie gleich so offen einer fremden Person gegenüber. Aber bei David ist das anders. Ich habe auf Anhieb das Gefühl, dass er versteht, was ich meine. „Was wünschst du dir denn genau vom Leben?“, interessiert sich David.

„Ich will raus, die Welt sehen. So wie im Urlaub meine Tage selbst frei gestalten und nicht von morgens bis abends in der Kanzlei sitzen, wenn draußen die Sonne scheint. Das Jahr hat 365 Tage. Davon arbeite ich im Schnitt 270 Tage, wenn ich die Wochenenden und meinen Urlaub abziehe. Das muss man sich mal vorstellen! Die meiste Zeit meines Lebens verbringe ich eingesperrt in einem Raum und arbeite für meinen Chef. Und wenn ich mal frei habe, dann kann ich auch keine Riesensprünge machen, weil dazu das Geld fehlt.

Die Reisen, die ich gerne machen möchte, kosten nun mal einiges mehr als ein All-inclusive Türkei- oder Mallorca-Urlaub. Und selbst wenn ich das Geld hätte, so würde mir die Zeit fehlen“, ich klinge verzweifelt. David kann sich ein Grinsen nicht unterdrücken.

„Du lachst. Aber so witzig ist das gar nicht“, sage ich. „Nein, ist es auch nicht. Ich lache dich auch nicht aus. Du hast mich nur eben an mich selbst erinnert. Vor zwei Jahren war ich in einer ähnlichen Situation wie du. Ich verstehe dich daher nur zu gut“, antwortet David. „Sara hat mir erzählt, dass du sehr viel online arbeitest, mittlerweile hauptberuflich. Ich finde das total interessant“, erwidere ich neugierig.

„Ja, das stimmt. Früher war ich in der Bank und habe dort zwar relativ gut verdient, aber der Job hat mich nicht glücklich gemacht. Ich hätte mir niemals vorstellen können, bis zur Rente da zu bleiben. Ich wollte, wie du auch, immer viel reisen. Nur ca. einen Monat im Jahr wirklich frei zu sein und das machen zu können, worauf ich Lust habe, war mir einfach zu wenig. Ich wollte mehr vom Leben." David spricht mir aus der Seele.

Wir sitzen noch eine gute Stunde im Starbucks. Er erzählt mir von seiner Arbeit, von seinen weiteren Plänen und seinen letzten Reisen. Zwischendurch organisiert er die zweite Runde Eistees. Ich bin total beeindruckt. Er scheint genau das gefunden zu haben, was ihm wirklich Spaß macht, das merkt man ihm an. Seine Begeisterung ist ansteckend.

Ich will unbedingt alles ganz genau wissen. David stellt mir mit einfachen Worten das Konzept und die Firma vor, mit der er zusammenarbeitet. Er ist selbstständig und genießt alle Freiheiten als Unternehmer, ohne an einen Ort gebunden zu sein oder selbst ein Risiko eingehen zu müssen, da er ein bestehendes, funktionierendes System nutzen kann, wie er mir erklärt. Mir gefällt der Gedanke, dass ich mir neben der Arbeit in der Kanzlei ein zweites Standbein aufbauen kann, ohne dass ich meinen jetzigen Job sofort an den Nagel hängen muss. „Das wird meine Eltern beruhigen“, lache ich. „Meine waren damals nicht so begeistert, als ich ihnen von meinen Plänen erzählt habe“, meint David. „Aber mittlerweile hat sich das geändert. Sie sehen ja, dass es funktioniert.“

David schlägt mir vor, die Leute kennenzulernen, mit denen er zusammenarbeitet und lädt mich daher für kommenden Dienstagabend zu sich nach Hause ein. „Wenn ich mal nicht unterwegs bin, dann treffen wir uns jede Woche regelmäßig bei mir in der Wohnung und arbeiten gemeinsam“, berichtet er mir. „Das hört sich gut an, ich komme sehr gerne“, sage ich. Ich kann es kaum erwarten noch mehr zu erfahren und die anderen kennenzulernen.

Wir stehen auf und verlassen das Café. „Es hat mich sehr gefreut, Kim“, verabschiedet sich David. „Mich auch. Wir sehen uns dann nächsten Dienstag. Danke, dass du dir die Zeit genommen hast“, bedanke ich mich. „Sehr gerne“, erwidert David grinsend. Freudig mache ich mich wieder auf den Heimweg.

Das restliche Wochenende vergeht mal wieder in Nullkommanix. Normalerweise würde die Freitags-Euphorie nun der Sonntags-Abend-Depression weichen. Doch bei mir will heute keine negative Stimmung aufkommen. Im Gegenteil. Seit dem Treffen mit David bin ich so voller positiver Energie, dass ich mir selbst noch vor zwei Tagen damit auf die Nerven gegangen wäre.

Wenn ich so darüber nachdenke, verstehe ich mich selbst kaum. Immer wenn ich in der Vergangenheit schlecht drauf war, habe ich dieses Gefühl noch durch Selbstmitleid, Musik und dramatische Filme bewusst verstärkt. Positive Menschen waren dann eher wie Störfaktoren in meiner ach-so-schlimmen-Welt, weit entfernt vom Ponyhof.

Ich rufe Lisa an, in der Hoffnung, dass sie die schlimmste Frauenproblem-Phase überstanden hat. Sie klingt in der Tat nicht mehr ganz so, als würde sie gleich von uns gehen. Ich erzähle ihr von meinem gestrigen Treffen mit David. „Ich weiß nicht", meint sie. „Für mich hört sich das irgendwie komisch an. Wer weiß, was dieser Sunnyboy-David für einer ist, wenn er dich gleich zu sich nach Hause einlädt. Nachher sind da gar keine anderen Kollegen", meint Lisa skeptisch. „Lissy, meine

Menschenkenntnis hat mich bisher noch nie getäuscht“, antworte ich.

„Stimmt, daher sitzt du meistens samstags alleine auf dem Sofa, weil dir wieder irgendein Typ kurzfristig abgesagt hat oder sich gar nicht mehr meldet“, kontert sie und lacht. „Mach dich nur lustig. In dem Fall geht es ja nicht um ein Date, sondern um eine berufliche Perspektive. Ich habe ein gutes Gefühl bei der Sache. Keine Sorge. Außerdem kennt Sara David doch auch schon seit Langem“, erwidere ich überzeugt.

„Gut, dann ruf mich aber direkt danach an, damit ich weiß, ob es dir gut geht, Kimmy“, bittet mich Lisa. „Versprochen“, sage ich.

Nach dem Telefonat wird mir wieder einmal bewusst, wie stark sich Lisa verändert hat, seitdem sie mit Marc zusammen ist. Voller Ängste und allem Neuen gegenüber erstmal pessimistisch eingestellt. Ich wünsche mir meine lebensfrohe und abenteuerlustige beste Freundin von früher zurück.

Nach zwei stressigen Tagen in der Kanzlei bin ich froh, als endlich Dienstagabend ist. Krämer ist derzeit jeden Tag schlecht gelaunt. Vermutlich hat er wieder mal

Ärger zu Hause. Dani ist gerade im Urlaub in Italien, also muss ich neben meiner Arbeit auch noch viel für sie erledigen und renne die ganze Zeit zwischen meinem Büro und dem Empfang hin und her.

Das Joggen kann ich mir daher sparen. Als ich nach Hause komme, springe ich schnell unter die Dusche. Das Einhornzauber-Duschgel ist leider aufgebraucht. „Zuckerschnute“ klingt aber auch gut. Ich frage mich, wer sich diese Namen immer einfallen lässt und vor allem in welchem Zustand. Wäre sicherlich auch ein interessanter Job. Zumindest kann man seiner Kreativität freien Lauf lassen. „Zuckerschnute“ entpuppt sich als Schokoladenduft mit einem Hauch von Irgendwas. Ich kann es nicht genau einordnen. Aber es riecht gut und das ist die Hauptsache.

Ich freue mich David wiederzusehen und die anderen endlich kennenzulernen. Um 18.30 Uhr mache ich mich nach „Zuckerschnute“ duftend mit dem Auto auf den Weg zu Davids Wohnung. Ich brauche ca. 20 Minuten, obwohl es nicht sehr weit ist. Der Verkehr um diese Uhrzeit ist erstaunlich. Ich stelle mein Auto vor dem riesigen Gebäudekomplex ab und suche nach dem Klingelschild ‚*Berger*‘. Da ist es ja!

„Hi Kim, einmal mit dem Aufzug ganz nach oben, bitte“, höre ich Davids Stimme aus der Gegensprechanlage.

Ich steige in den Aufzug und fahre in den 6. Stock. David steht bereits lässig im Türrahmen und nimmt mich herzlich in Empfang. „Schön, dass du da bist“, strahlt er mich an und führt mich in die Wohnung. „Darf ich vorstellen, das sind Max, Chris, Tobi und Celine.“ Ein bisschen bin ich nun doch beruhigt, dass wir nicht alleine sind. „Hi zusammen, freut mich euch kennenzulernen“, sage ich ein wenig schüchtern, weil mich auf einmal so viele unbekannte Augenpaare anstarren.

Doch meine Anspannung ist schnell verflogen. Alle sind total freundlich und aufgeschlossen und ich fange schnell an mich wohlzufühlen. Davids Wohnung ist riesig. Im Wohnzimmer steht eine großes U-förmiges Sofa, auf dem alle mit ihrem Laptop auf dem Schoß sitzen und arbeiten. Die Fenster sind bodentief und man hat einen tollen Blick über die Stadt.

„Mach es dir auf der Couch bei den anderen bequem. Was möchtest du trinken?“, fragt mich David. „Einfach nur ein Mineralwasser, danke“, antworte ich und setze mich neben Celine. Während David in der Küche verschwindet, erzählt mir Celine ein wenig von sich. Sie arbeitet als Kellnerin bei ‚Da Felice', einem italienischen Restaurant in der Stadt. Sie ist auf David über Facebook aufmerksam geworden und hat ihn kontaktiert, weil sie wissen wollte, was er genau beruflich macht. Nachdem sie mehr Informationen von ihm bekommen hatte, war sie genauso begeistert wie ich und bessert sich seitdem ihr spärliches Kellnergehalt auf.

„Seit 7 Monaten arbeite ich jetzt zusammen mit David und den anderen. Mein Traum ist es irgendwann nach Thailand auszuwandern. Daher mache ich das Ganze unter anderem. Warst du schon mal in Thailand?", fragt sie mich. „Leider noch nicht, nein. Meine Auslandsaufenthalte beschränken sich bisher auf Italien, die Türkei und Mallorca", lache ich. „Ach ja und England. Wir waren damals auf unserer Abschlussfahrt in London. Aber ich habe schon oft gehört, wie toll es in Thailand sein soll. Es steht somit definitiv auf meiner To-Do-Liste. Wie so vieles, was ich mir bisher noch nicht erfüllen konnte."

„Das ist alles nur eine Frage der Zeit", meint David, setzt sich neben mich und reicht mir mein Glas. „Dankeschön", sage ich. Auch die anderen drei erzählen mir ihre

Geschichte. Alle waren mit ihrer damaligen Lebenssituation unzufrieden und wollten etwas verändern.

Tobi berichtet mir ganz ehrlich von seinen anfänglichen Startschwierigkeiten. „Ich habe sehr viel Gegenwind bekommen. Von vielen meiner Freunde und Bekannte. Am meisten von meinen Eltern. Sie wollten, dass ich mich lieber voll und ganz auf mein Studium konzentriere. Bis heute versuchen sie, mir meine Selbstständigkeit auszureden. Zu Beginn war das nicht einfach für mich. Aber mittlerweile stehe ich da drüber. Es ist ja schließlich mein Leben. Und nicht ihres."

Ich bin beruhigt. Als ich Lisa und meinen Eltern nach dem Treffen mit David am Samstag euphorisch Bericht erstattet habe, waren sie auch eher skeptisch, was mich nicht gerade motiviert hat.

„Das ist bewundernswert", sage ich zu Tobi. „Ich glaube viele hören wieder auf an ihre Träume zu glauben, sobald sie auf Widerstand stoßen. Bei zwei meiner besten Freundinnen war das genauso. Die eine wollte ein Café eröffnen und die andere einen Friseursalon. Beide haben sich von anderen wieder davon abbringen lassen", erzähle ich.

„Die meisten Menschen reagieren so, wenn sie mit etwas konfrontiert werden, dass sie nicht kennen oder dass vielleicht zu schön, um wahr zu sein, klingt“, meint Chris und fährt fort: „Das darfst du ihnen nicht übel nehmen. Oft steckt dahinter einfach nur Angst. Weil sie es sich selbst vielleicht nie zutrauen würden und dann diese Angst auf dich projizieren.

Lass dich davon nicht unterkriegen. Jeder erfolgreiche Sportler, Unternehmer, Schauspieler oder was auch immer, musste am Anfang der Karriere durch diese Phase hindurch. Die meisten Menschen sehen immer nur das Endergebnis einer Person, die es ihrer Meinung nach im Leben geschafft hat und behaupten, er oder sie hatte einfach Glück im Leben.

Aber das stimmt nicht. Die vielen Niederschläge, Tiefpunkte und Tage, an denen man am liebsten alles wieder hinschmeißen würde, nehmen andere nicht wahr. Deshalb denken sie so. Fehler zu machen und auch mal Zeiten zu durchleben, an denen nicht immer alles glatt läuft, ist aber wichtig und gehört dazu. Aus jedem Fehler, den du machst, lernst du und machst es das nächste Mal besser. Man wächst an seinen Aufgaben. Das ist alles ein Prozess.“

„So ist es. Der Meister hat gesprochen", lacht Max und klopft Tobi auf die Schulter.

Max, Chris und Tobi haben, wie Celine und David, ebenfalls große Zukunftspläne und sind so positiv eingestellt, dass es richtig ansteckend auf mich wirkt. Von meinem bisherigen Umfeld bin ich das gar nicht gewohnt. Normalerweise ist ständig jeder am Meckern, über die Arbeit, das Leben, die Nachbarn, das Fernsehprogramm oder was auch immer. Hauptsache man hat etwas, worüber man sich aufregen kann. So kommt es mir manchmal vor.

David zeigt mir die ersten Schritte und ich schaue ihm gespannt zu. So langsam bekomme ich, glücklicherweise, einen ersten Überblick. Gott sei Dank. Ich mag es nämlich nicht, wenn ich ständig fragen muss, wie etwas funktioniert. Lieber arbeite ich selbstständig und eigenverantwortlich. Alles ist bewusst sehr einfach aufgebaut, damit sich neue Personen schnell einarbeiten können. Die haben sich schon etwas dabei gedacht. In der Kanzlei bin ich am Anfang manchmal verzweifelt. Vor allem aber auch, weil Krämer so unstrukturiert ist und ich erstmal Ordnung in sein Chaos bringen musste.

Das Unternehmen, mit dem wir zusammenarbeiten, hat sich auf die Bereiche Beauty, Gesundheit und Wellness spezialisiert. Genau mein Ding und ein sehr großer Markt, wie mir David erklärt. Kein Wunder, wer möchte schon nicht gerne gut aussehen und sich fit fühlen. Dani hat vor ihrem Urlaub auch wieder ein neues Abnehm-Programm gestartet, wie jeden Monat. Von FDH, über Kohlsuppe, Weight Watchers, den neuesten Trends aus der „Brigitte",.... ich glaube es gibt nichts, was sie nicht schon ausprobiert hat. Erfolge hat sie damit bis jetzt nicht erzielt. Immer ist sie voller Begeisterung: „Das ist genau das Richtige für mich! In 8 Wochen wirst du mich nicht mehr wiedererkennen, Kimmy!"

Nach 8 Wochen erkenne ich sie jedoch sehr wohl wieder. Ich habe sogar das Gefühl, dass sie eher immer mehr an Gewicht zulegt. Vielleicht fühlt sie sich nach unserem Programm endlich mal wieder wohl in ihrer Haut. Ich würde es ihr wünschen.

Ich bekomme meinen eigenen Online-Shop zur Verfügung gestellt, über welchen meine Kunden ihre Bestellungen tätigen können. Das ist mehr als praktisch. Ich habe nämlich keinen Kellerraum, in dem ich alles lagern könnte. So werden die Produkte direkt vom Unternehmen an meine Kunden geliefert. Alles sieht sehr professionell aus und ich kann es kaum erwarten loszulegen. David hatte mir bereits am Samstag ein paar Proben zum Testen mitgegeben. Jetzt bestelle ich mir noch über meinen eigenen Shop die restlichen Produkte zum Einkaufspreis. Ich will unbedingt alles ausprobieren und meine eigenen Erfahrungen sammeln, damit ich meine Kunden bestmöglich beraten kann.

„Wie lange dauert es denn bis ich alles habe?“, frage ich David ungeduldig. „Ca. 2-3 Tage. Das geht schnell“, antwortet er. „Und hier findest du alle sonstigen wichtigen Infos, die für deinen Start wichtig sind“, sagt David und zeigt mir die Website. „Super, dann bin ich bestens ausgerüstet und kann starten“, erwidere ich lächelnd.

„Wer hat noch alles Hunger?“, wirft Tobi in die Runde. Erst jetzt fällt mir auf, dass ich seit heute Mittag nichts mehr gegessen habe. Wir bestellen uns etwas vom Chinesen um die Ecke und sitzen danach noch lange in Davids Wohnung zusammen, machen Pläne und tauschen uns aus. Ich fühle mich in meine Kindheit zurückversetzt. Als ich mit meinen damaligen Freundinnen davon geträumt habe, was wir einmal alles machen werden. Und es letztendlich nie getan haben.

Um 23 Uhr verabschiede ich mich von den anderen. Schließlich klingelt morgen um 6.30 Uhr wieder mein Wecker. Es war ein toller Abend und kam mir überhaupt nicht wie „Arbeit" vor. Im Aufzug wähle ich Lisas Nummer, wie ich es ihr versprochen hatte. „Kimmy, alles gut?", fragt sie besorgt. „Nein, ich bin in einem zwei quadratmetergroßem Raum eingesperrt", antworte ich ehrlich. „Waaaas?! Wo steckst du genau?", will Lisa aufgebracht wissen. „Der zwei quadratmetergroße Raum ist ein Aufzug, Lissy. Und mir geht's gut", lache ich. „Du bist so bescheuert!", schimpft sie und fährt fort: „Erzähl mir bitte morgen alles in Ruhe. Ich bin todmüde." „Das mache ich. Schlaf gut", sage ich und lege auf.

In den darauffolgenden Wochen verändert sich mein Leben komplett. Beziehungsweise weniger mein Leben, als mehr meine Einstellung. Ich verbringe jede freie Minute damit mein Geschäft aufzubauen. Kaum komme ich von der Arbeit nach Hause, sitze ich schon wieder am Laptop, führe Telefonate oder treffe mich mit David und den anderen im Café und wir arbeiten gemeinsam.

Zum ersten Mal seit Jahren dreht sich nicht alles nur darum, was ich am Wochenende unternehme. Ich sitze nicht mehr zu Hause und versinke in Selbstmitleid, weil irgendein Hornochse sich nicht mehr bei mir meldet. Ich bin viel zu sehr damit beschäftigt, mich um mein eigenes Leben zu kümmern. Und es fühlt sich toll an. Ich bin voller Energie, obwohl ich so viel arbeite, wie noch nie zuvor.

Sogar Dani hat mich letztens ganz verwundert gefragt, was mit mir los ist. „Es ist 8 Uhr morgens. Normalerweise bist du um diese Uhrzeit doch noch kaum ansprechbar. Aber die letzten Wochen blühst du ja geradezu auf. Bist du verliebt?" „Nein, ich mache mir nur das erste Mal in meinem Leben weder Sorgen um die Zukunft, noch trauere ich um irgendwelche Dinge aus der Vergangenheit. Ich genieße einfach den Moment und habe Spaß, bei dem was ich mache. Vor allem habe ich endlich das Gefühl, dass ich meinen Zielen näherkomme und nicht stillstehe. Wenn ich verliebt bin, bist du die erste, die es erfährt", musste ich ihr versprechen.

An den Wochenenden besuche ich oft Seminare und bilde mich fort. Ich habe gelernt, wieder an mich selbst zu glauben und in mich selbst zu investieren. Langeweile ist für mich ein Fremdwort.

Sei auf unperfekte Weise,

perfekt !

12. Tapas für drei

Es ist Mittwochabend. Ich habe für heute um 19 Uhr einen kleinen Beauty-Abend bei mir zu Hause organisiert, um meinen Kundenstamm noch weiter auszubauen. Sara hat mir bei der Planung geholfen und bereitet in der Küche gerade noch ein paar Häppchen für die Gäste vor, während ich das Wohnzimmer in eine Beauty-Wohlfühl-Oase umgestalte. „Meinst du das reicht so?“, ruft sie aus der Küche. Ich laufe zu ihr und erblicke vier Tabletts voller Obst, Tapas, sowie mit Lachs und Frischkäse gefüllte Wraps.

„Wow! Ich glaube ich bin für die restliche Woche versorgt“, sage ich und vergewissere mich nochmal: „Wie viele Zusagen haben wir bekommen?“ „12 insgesamt“, antwortet Sara. Sie hat ihre Stammkundinnen aus dem Friseursalon ebenfalls eingeladen.

18.45 Uhr. Es klingelt und Celine steht vor der Türe. Sie hat solche Abende schon öfters bei sich zu Hause organisiert und mir sofort ihre Unterstützung angeboten. „Celine, das ist Sara, eine sehr gute Freundin von mir. Und Sara, das ist Celine, wir arbeiten sehr viel zusammen und sie hat immer ein offenes Ohr für mich, wenn ich Hilfe brauche“, stelle ich die beiden einander vor. Die ersten Mädels sollten auch gleich eintreffen.

Lisa ist nach wie vor nicht gut auf meine Selbstständigkeit zu sprechen und hat im Vorfeld bereits abgesagt. Wir haben in letzter Zeit kaum noch Kontakt. Ich weiß nicht, was mit ihr los ist. Als ich David davon berichtet habe, hat er mir erzählt, dass es bei ihm damals ähnlich war.

Viele seiner damaligen Freunde haben nicht verstanden, warum er auf einmal nicht mehr jedes Wochenende mit ihnen um die Häuser gezogen sei. Mittlerweile habe sich das bei ihm jedoch wieder größtenteils geändert. Jetzt, da er so viele Freiheiten genießt, interessieren sie sich doch wieder für das, was er macht und bewundern ihn zum Teil sogar deswegen.

19.05 Uhr. Immer noch keine Gäste. *Aber der Verkehr um diese Uhrzeit ist auch immer eine Katastrophe,* versuche ich mich selbst zu beruhigen. 19.15 Uhr. Ich schaue aus dem Fenster, um sicherzustellen, dass auch noch Parkplätze in der Straße frei sind. Nicht, dass die Mädels ewig suchen müssen. 19.20 Uhr. „Du hast deinen Kundinnen doch schon das richtige Datum mitgeteilt oder?“, frage ich Sara. „Definitiv“, antwortet sie. Ich prüfe nochmals meinen kleinen Einladungs-Flyer, den ich extra gebastelt habe. Darauf ist auch alles korrekt hinterlegt. 19.45 Uhr. „Ich glaube nicht, dass noch jemand kommt“, meint Sara. „Ich ehrlich gesagt auch nicht“, sage ich. Wir sitzen zu dritt in meiner Beauty-Oase, umgeben von massenhaft Getränken und Snacks. So viel Aufwand für nichts. „Hat ja richtig gut funktioniert“, meine ich ironisch. „Ein voller Erfolg!“, sagt Sara und prustet los. Auch Celine und ich können uns nicht mehr halten.

„Ein wenig enttäuscht bin ich schon“, meine ich zu den beiden Mädels, nachdem wir uns alle wieder etwas eingekriegt haben. „Mach dir nichts draus, Kimmy. Aller Anfang ist schwer“, muntert mich Celine auf und gibt mir für das nächste Mal noch ein paar Tipps an die Hand, was ich bei der Einladung besser machen kann.

„Was haltet ihr davon, wenn wir David und die anderen Jungs zum Essen einladen?“, frage ich. „Gute Idee“, meint Celine. Eine gute halbe Stunde später ist meine Beauty-Oase doch noch gefüllt. Zwar nicht mit potentiellen Kundinnen, dafür mit einem ganzen Haufen hungriger Teamkollegen, die mittlerweile zu guten Freunden geworden sind.

Aller guten Dinge sind drei:

Einhorn, Regenbogen,

Schokoladeneis.

13. Home Sweet Home

Sonntagmittag. Ich bin auf dem Weg zu meinen Eltern. Sie wohnen etwas außerhalb der Stadt im Grünen. Ich genieße jedes Mal die kurze Auszeit auf dem Land. Meine Mom begrüßt mich freudig. „Kimmy! Gut siehst du aus! Und du strahlst so! Hast du jemanden kennengelernt?“, fragt sie neugierig. Sie ist es nach wie vor gewohnt, dass mein Gefühlszustand einzig und alleine vom anderen Geschlecht abhängig ist.

„Nein, Ma. Ich bin nur einfach endlich ICH. Und habe Spaß an dem, was ich mache“, antworte ich. „Das ist schön. So ganz verstehe ich das mit dieser Online-Sache ja immer noch nicht. Aber Hauptsache du bist glücklich“, sagt sie. Für meine Mom ist das alles nicht wirklich greifbar. Sie gehört zu der beinahe ausgestorbenen Sorte Mensch, die noch nie etwas online gekauft haben.

„Noch glücklicher bin ich, wenn es gleich endlich etwas zu essen gibt!“, lache ich. „Ich sterbe nämlich vor Hunger!“ „Das Essen ist gleich fertig. Papa ist im Garten. Wir sitzen auf der Terrasse bei dem schönen Wetter.“

Es ist zwar mittlerweile Ende September, aber sehr warm für diese Jahreszeit. Fast schon spätsommerlich.

Ich laufe durchs Wohnzimmer nach draußen. „Hi Dad!“, begrüße ich ihn. Er hat es sich im Gartenstuhl bequem gemacht und liest, wie immer, irgendeine Auto- oder Motorradzeitschrift. „Kleines, wie geht’s dir? Gut siehst du aus. Hattest du gestern etwa ein erfolgreiches Date?“, fragt er neugierig. *Okay, er muss sich also auch noch an die neue Kim gewöhnen, wie meine Mom.*

„Nein. Ich habe gearbeitet. Die Männerwelt ist mir momentan egal“, antworte ich. Er lacht. „Wer sind Sie und was haben Sie mit meiner Tochter gemacht?“, zieht er mich auf. „Sehr witzig, Papa. Ich konzentriere mich jetzt erstmal auf mich selbst. Schließlich bin ich lange genug in meinem eigenen Leben zu kurz gekommen.“

„Das ist gut so. Zugegebenermaßen war ich am Anfang etwas skeptisch. Aber es scheint dir wirklich ernst damit zu sein. Ich bin stolz auf dich, Kimmy“, höre ich ihn zum ersten Mal in meinem Leben sagen. Mir wird warm ums Herz. „Danke Dad, das bedeutet mir viel“, antworte ich und verkneife mir eine Träne.

Ich mag es nicht vor anderen zu weinen. Nicht mal vor meinen Eltern. Meine Mutter kommt auf die Terrasse und erlöst mich aus der Situation. „Essen ist fertig“, sagt sie und stellt zwei dampfende Teller vor mir und meinem

Vater ab. Es gibt Rinderfilet mit Gemüse und Rosmarin-Kartoffeln. „Lecker!“, freue ich mich und erzähle von meiner Arbeit und allen sonstigen Neuigkeiten.

„Wer will noch alles selbst gemachtes Eis?“, fragt meine Mutter, nachdem ich ihr geholfen habe den Tisch abzuräumen. Ich bin zwar vollkommen satt, aber Eis geht immer. Meine Mom hat die Angewohnheit alles selber zu machen. Von Käse, über Brot bis hin zu Tellern und allem sonstigen Geschirr. Ihre ersten Töpferversuche sahen noch recht witzig aus. Man wusste nie sofort, ob es sich um eine Vase, eine Tasse oder vielleicht sogar eine Gießkanne handelt.

Mittlerweile kann sich das Geschirr sehen lassen. Übung macht eben den Meister. Wie bei allen Dingen und nichts ist von Beginn an perfekt. Ich finde sogar, dass gerade ihre nicht ganz so perfekten Vasen und Tassen einen ganz besonderen Charme haben.

Vollgestopft mache ich mich am frühen Abend wieder auf den Weg nach Hause. Für die kommende Woche haben David, die anderen und ich wieder viel geplant. Ich will heute noch ein paar Telefonate führen und einiges erledigen, da ich noch nicht genau weiß, wann ich morgen aus der Kanzlei komme. Gerade ist dort die Hölle los. Kaum ist der Sommer vorbei und alle aus dem Urlaub zurück, haben wir wieder einen Fall nach dem anderen zu bearbeiten.

Zum wiederholten Male versuche ich Lisa zu erreichen, doch sie hebt nicht ab. Hoffentlich geht es ihr gut.

Am Ende der Ausreden beginnt dein Leben.

14. Bye bye, Hornochse

Als Dani am Dienstagvormittag nach einem verlängerten Wochenende meine Bürotüre öffnet, staune ich nicht schlecht. Sie ist von oben bis unten komplett neu eingekleidet, hat einen anderen Haarschnitt und strahlt förmlich. „Wieso schaust du mich denn so komisch an?“, will sie von mir wissen.

„Kann ich Ihnen irgendwie behilflich sein? Haben Sie sich verlaufen?“, frage ich zurück. „Sehr witzig. Ich dachte mir, da ich jetzt 10 Kilogramm abgenommen habe, wird es mal Zeit für etwas Neues. Meine Sachen haben überhaupt nicht mehr richtig gepasst. Und nach dem Shoppen bin ich dann auch noch spontan zum Friseur“, berichtet Dani. „Du siehst umwerfend aus! Die Klamotten, deine Haare, einfach alles!“, sage ich begeistert.

„Danke. Das habe ich auch ein wenig dir zu verdanken. Zumindest das mit dem Abnehmen. Ich fühle mich großartig!“, meint Dani und sieht dabei sehr glücklich aus. „Das strahlst du auch aus!“, antworte ich ihr. Wieder einmal fällt mir auf, dass glückliche Frauen automatisch hübsch aussehen. „Mal schauen, ob Krämer etwas bemerkt.“

Krämer kommt eine halbe Stunde später, natürlich wieder mal vollkommen abgehetzt und unter Strom, in die Kanzlei und verschwindet sofort in seinem Büro. Den ganzen Tag über sagt er kein Wort zu Dani's Veränderung. „Bei Männern muss man schon mit pinken oder grünen Haaren vor ihnen stehen, damit sie überhaupt Notiz nehmen", kichert Dani als Krämer gerade telefoniert.

Der Rest der Woche vergeht wieder mal wie im Flug. Als ich mir am Samstagabend gerade etwas zu essen machen will, klingelt es an der Türe. *Wer kommt denn jetzt?* Ich habe eigentlich keinen Besuch mehr erwartet. Als ich die Türe öffne, steht Lisa vor mir mit verweinten Augen. „Lissy! Was ist denn los?", frage ich sie besorgt. Mit ihr hatte ich überhaupt nicht gerechnet, nachdem wir seit Monaten kaum in Kontakt waren.

„Marc und ich… wir haben Schluss gemacht", schluchzt sie zitternd. Ich nehme sie sofort in den Arm und sie fängt an zu weinen, wie ein kleines Kind. „Komm doch erstmal rein, setz dich und dann erzählst du mir alles in Ruhe", beruhige ich sie.

„Wein oder Hugo? Pizza oder Eis?", frage ich und versuche sie etwas aufzumuntern. „Ach Kim, ich habe dich so vermisst. Du bist die Einzige, die mich in so einer Situation noch zum Lachen bringen kann. Wein und Pizza. Mit extra Zwiebeln und Knoblauch. Ich bin ja jetzt alleine und es ist egal, wenn ich stinke", sagt Lisa mit immer noch verweinten Augen.

Das erste Mal sehe ich wieder meine alte Lisa. „Extra Zwiebeln und Knoblauch, geht klar. Warte, ich bestelle kurz und hole uns den Wein", antworte ich und umarme sie nochmal kurz. „Schön, dass du da bist." Dann gehe ich in die Küche, rufe beim Lieferservice an und komme mit zwei Weingläsern und dem besten Aldi-Rotwein, den ich habe, zurück ins Wohnzimmer. „Die Pizza kommt in 30 Minuten. Jetzt erzähl mal, was ist denn zwischen dir und Marc vorgefallen?", frage ich.

„Es wurde einfach alles immer schlimmer. Du hattest von Anfang an Recht. Ich wollte es mir nur nie eingestehen. Er selbst hat immer genau das gemacht, was er wollte und hat mir im Gegenzug alles untersagt oder versucht mir ein schlechtes Gewissen einzureden. An den Wochenenden war er in letzter Zeit nur noch mit seinen Jungs unterwegs und ich bin zu Hause gesessen. Immer, wenn ich irgendetwas für mich selbst tun wollte, hat er mich gefragt wozu und ob er mir nicht schon alles gibt, was ich brauche.

Er hat einfach nicht verstanden, dass ich auch noch ein eigenes Leben habe. Ständig ging es um ihn und seine Pläne. Die letzten zwei Wochen haben wir uns nur noch gestritten. Es war schrecklich. Vorhin war es so schlimm, dass ich es einfach nicht mehr ertragen konnte und dann habe ich Schluss gemacht und bin einfach gegangen", erzählt Lisa und fährt fort: „Er hat mir hinterhergerufen, dass ich das noch bereuen würde und dass ich doch sowieso nicht auf eigenen Beinen stehen kann und ihn in spätestens zwei Tagen anflehen werde, mich wieder zurückzunehmen. Kannst du dir das vorstellen?", Lisa schaut mich entrüstet an.

„Ganz ehrlich, ja. Ich kann mir das bei Marc sogar ganz genau vorstellen und ich kenne auch seinen Gesichtsausdruck dazu", antworte ich Lisa verärgert. „Ja, aber was soll ich denn jetzt machen?", fragt Lisa mich. „Die Wohnung gehört ihm." „Heute bleibst du auf jeden Fall erstmal hier!", sage ich bestimmt. „Morgen holen wir dann gemeinsam ein paar Sachen von dir und dann kannst du solange bei mir bleiben, bis wir etwas Passendes für dich gefunden haben."

„Ach Kimmy, was wäre ich nur ohne dich", sagt Lisa gerührt. „Genauso großartig, nur ohne Schlafplatz", versuche ich sie aufzumuntern. Es klingelt. Unsere Pizza ist endlich da. „Juhu, das wurde aber auch Zeit. Ich bin am Verhungern! Vor lauter Stress und Streit mit Marc habe ich die letzten Wochen kaum etwas gegessen", sagt Lisa und reißt mir förmlich den Pizzakarton aus der Hand als ich zurück ins Wohnzimmer komme. „Lust auf „Sex and the City"?", frage ich Lisa. „Was für eine Frage! Rein damit!" kichert Lisa.

Wir verbringen den restlichen Abend mit Wein, DVD`s und regen uns gemeinsam über alle von Marcs dämlichen Angewohnheiten auf. Als ich kurz ins Bad gehe und zurückkomme, ist Lisa bereits auf dem Sofa eingeschlafen. Ich decke sie zu und mache mich auf den Weg in mein Schlafzimmer. Mittlerweile bin ich auch hundemüde. „Kimmy?", ruft mir Lisa noch im Halbschlaf hinterher. „Ja?", erwidere ich. „Danke für Alles", sagt sie. „Ich bin froh, dass du da bist", antworte ich ihr.

Am nächsten Morgen wache ich relativ früh auf. Es ist gerade mal kurz vor 8 Uhr. Ich beschließe eine Runde laufen zu gehen und auf dem Rückweg frische Brötchen mitzubringen. Morgens ist es mittlerweile sehr frisch draußen. Schnell ziehe ich mir eine lange Jogginghose und meine Trainingsjacke an, bevor ich loslaufe. Ich liebe die Luft am frühen Morgen und die Stille, wenn alles noch schläft. Das hat immer so etwas Magisches.

Die Straßen sind wie ausgestorben. Ich drehe nur eine kleinere Runde und bin nach ca. 35 Minuten wieder zurück. Einen Block von meiner Wohnung entfernt befindet sich ein kleiner Bäcker, der auch sonntags geöffnet hat. Vor der Türe wartet geduldig ein Labrador auf sein Herrchen oder Frauchen. Ich bin absolut vernarrt in Hunde und kann daher nicht an ihm vorbei, ohne ihn kurz zu begrüßen und ihn zu streicheln. Er freut sich und lächelt. Die meisten halten mich für bescheuert, aber ich finde sehr wohl, dass man Hunden ansieht, wenn sie lächeln.

Ich betrete den Laden und atme erstmal den leckeren, typischen Bäckergeruch ein. Als ich 5 Jahre alt war, wollte ich unbedingt beim Bäcker arbeiten. Genau einen Tag lang. Nachdem ich herausgefunden habe, wie früh ich für diesen Job täglich aufstehen müsste, war der Duft nach frischen Brötchen und Gebäck dann nicht mehr ganz so verlockend.

Ich weiß nicht, was Lisa frühstücken will. Daher bestelle ich Brezeln, Croissants und Vollkornbrötchen. Zu Hause springe ich schnell unter die Dusche und tausche meinen Sportgeruch gegen „Zicke Deluxe“ ein, meine neueste Duschgel-Errungenschaft. Danach lasse ich mir einen Kaffee aus der Maschine und bereite das Frühstück vor. Um halb zehn steht Lisa noch vollkommen verschlafen im Türrahmen.

„Guten Morgen“, begrüßt sie mich und gähnt. „Wow, das sieht ja lecker aus. Wer soll denn das alles essen?“, fragt sie mit großen Augen. „Ach weißt du, ich habe Marc eingeladen. Ich dachte es wäre ganz nett, wenn er uns Gesellschaft leistet und uns an all seinen tollen Plänen teilhaben lässt, während wir einfach nur dasitzen und ihm bewundernde Blicke zuwerfen“, scherze ich. „Bist du beim Joggen gestolpert und hast dir eine Kopfverletzung zugezogen?“, erwidert Lisa.

„So gefällst du mir“, antworte ich nur und lächle. „Kaffee oder Tee?“, frage ich sie. „Kimmy, ich gebe zu, dass ich mich vielleicht, ein ganz kleines bisschen, verändert habe in der Zeit mit Marc.“ „Minimal“, unterbreche ich sie ironisch und verschlucke mich fast an meinem Kaffee. „Das geschieht dir Recht!“, meint Lisa. „Aber eins wird sich nie ändern. Mit Tee brauchst du mir morgens nicht kommen!“ „Dann bin ich ja beruhigt“, antworte ich und mache Lisa ebenfalls eine Tasse Kaffee.

„Wir haben gestern nur über mich gesprochen. Erzähl mal, wie läuft es denn mit deiner Selbstständigkeit?“, fragt Lisa und beißt von ihrem Croissant ab. „So langsam aber sicher geht es voran“, antworte ich strahlend. „Ich kann mir die Zeit selbst einteilen, kein nervender Krämer, keine aufgebrachten Klienten. Glaube mir, ich bin so froh, wenn ich den Job dort an den Nagel hängen kann und nur noch für meine eigenen Ziele arbeite und nicht mehr für die Ziele anderer. David und die anderen sind klasse. Du würdest sie mögen. Ich muss sie dir unbedingt vorstellen, jetzt wo du wieder normal bist“, ziehe ich sie auf.

Lisa kneift mir in den Arm. „Auuu!“, schreie ich kurz auf. „Sei vorsichtig, dein Schlafplatz steht nach wie vor auf dem Spiel!“ „Jaja, erzähl weiter“, fordert mich Lisa auf.

„Wenn ich abends von der Kanzlei nach Hause komme, kann ich es kaum erwarten an meinen eigenen Projekten weiter zu arbeiten. Ich wünschte Sara hätte mir schon viel früher von David erzählt. Mir geht es so gut, wie noch nie zuvor. Weil ich endlich mal das mache, was mir gefällt und vor allem kann ich alles umsetzen, wovon ich schon immer geträumt habe. Reisen, die Welt sehen, unabhängig sein. Mir einfach alle Wünsche selbst erfüllen."

„Wow, das hört sich richtig toll an. Und man sieht es dir auch an. Tut mir leid, dass ich die letzten Wochen so doof war und versucht habe, dir alles schlecht zu reden. Ich freue mich total für dich. Das scheint wirklich genau dein Ding zu sein", sagt Lisa.

„Schon in Ordnung, du hast es ja nur gut gemeint", antworte ich und beiße von meinem Brötchen ab. „Käse mit Marmelade", verzieht Lisa das Gesicht. „Das verstehe ich bis heute nicht." „Kannst du ja auch nicht, wenn du es nie probierst", lache ich.

Nach dem Frühstück fahren wir zu Marcs Wohnung, um ein paar von Lisas Sachen zu holen. Leider ist er nicht zu Hause. Ich hätte ihm zu gerne mal meine Meinung gesagt. Wieder zu Hause angekommen fahre ich meinen Laptop hoch. Wir wollen die aktuellen Wohnungsangebote durchschauen. Sehr viel finden wir leider nicht. Die meisten Wohnungen sind entweder zu teuer oder sehen uralt aus.

„Schau mal hier“, sage ich. „2-Zimmer-Wohnung mit Einbauküche. 550 EUR kalt, plus Nebenkosten. Da rufen wir gleich mal an.“ Ich lese Lisa die Telefonnummer vor, während sie die Zahlen in ihr Smartphone tippt. „Hallo, Lisa Hof hier. Ich rufe an wegen der Wohnung, die sie ausgeschrieben haben.... Ah okay, kein Problem. Trotzdem vielen Dank und schönen Sonntag noch“, sagt Lisa und legt mit bedrückter Miene wieder auf. „Schon weg.“

„Mach dir keine Sorgen, wir finden schon was“, beruhige ich sie. „Lust auf einen Kuchen in der Stadt?“, frage ich. „Was wäre ein Sonntag ohne Kuchen!“, antwortet Lisa. „Perfekt, dann mal los“, sage ich und lege den Laptop erstmal beiseite.

Wir machen uns auf den Weg und kommen dabei an dem Laden vorbei, in dem Lisa damals ihr Café eröffnen wollte. „Schau mal“, sie zeigt in Richtung des Deko-Geschäfts. „Da hängt ein ‚Zu-Verkaufen-Schild‘ am Fenster.“ „Das ist doch perfekt, deine Chance für einen Neuanfang, wenn du eh schon mal dabei bist“, sage ich. Wir bleiben vor dem Gebäude stehen und drücken unsere Nasen an die Fensterscheibe. Dort, wo früher ein Regal ans andere gereiht war, ist nun gähnende Leere.

„Das wäre schon ein Traum“, höre ich Lisa vor sich hin flüstern. „Aber ich weiß nicht, ob ich das kann.“ „Lissy, wenn ich eins in den letzten Wochen gelernt habe, dann, dass man aufhören muss, sich von anderen oder von sich selbst sagen zu lassen, dass man etwas nicht kann. Du hast bereits alles, was du brauchst, um erfolgreich zu sein. Es steckt in dir. Du benötigst dazu weder die beste Ausbildung, noch ein mehrjähriges Studium. Sondern einzig und alleine den Glauben an dich selbst“, ermutige ich sie. „Und ich helfe dir natürlich, wo ich kann. Für kostenlosen Kaffee mache ich so ziemlich alles, weißt du“, grinse ich.

„Gut, ich schreibe mir mal die Telefonnummer auf und rufe gleich morgen dort an“, sagt Lisa mit aufgeregter Stimme. „Genau das wollte ich hören“, erwidere ich. Mein Handy klingelt. Es ist David. „Hi David“, begrüße ich ihn. Er ist gerade in der Stadt und fragt, ob ich spontan Zeit auf einen Kaffee habe. „Warte mal kurz. Ich bin mit Lisa unterwegs“, antworte ich und schalte auf stumm. „Es ist David. Hast du Lust, dich mit ihm zu treffen? Er ist auch gerade in der Stadt. Ich würde ihn dir sehr gerne vorstellen“, frage ich Lisa. „Klar, sehr gerne sogar“, antwortet sie.

„David? Da bin ich wieder. Wir brauchen 15 Minuten. Bis gleich!“, sage ich fröhlich. „Du strahlst ja auf einmal so“, meint Lisa. „Ich? Ach quatsch, stimmt doch gar nicht!“, antworte ich. „Läuft da was zwischen euch?“, fragt sie mich neugierig. „Nein, wir arbeiten zusammen. Mehr ist da nicht“, erwidere ich. „Ja nee ist klar“, macht sich Lisa über mich lustig. „Dann glaube es mir halt nicht“, beende ich das Thema.

„Sag ruhig noch ein paar Mal, dass es nicht so ist. Vielleicht glaubst du es dann ja selbst auch“, lacht sie. Ich stoße ihr mit dem Ellbogen leicht in die Seite. „Verscherze es dir lieber nicht bei mir. Denn sonst hast du, neben dem bereits erwähnten Schlafplatz-Problem, auch keine Café-Eröffnungs-Expertin mehr an deiner Seite“, sage ich in gespielt ernstem Ton. „Uuuuuuuh“, antwortet sie nur und macht diese Gespenst-Geste.

Wir erreichen das Café, bei dem wir uns mit David verabredet haben. Er wartet bereits vor dem Eingang auf uns. „Einen wunderschönen guten Tag die Ladies“, begrüßt er uns mit seinem typischen Grinsen. „Hey David! Das ist Lisa, seit gestern meine Mitbewohnerin“, lache ich. „Und Lisa, darf ich vorstellen, David oder wie du ihn nennst, den ‚Online-Business-Sunnyboy‘.“

„Online-Business-Sunnyboy, interessant“, sagt David. „Du darfst mich aber auch gerne „Befreier-aus-dem-Hamsterrad“ nennen, Lisa“, grinst David und hält uns, gentlemanlike wie immer, die Türe auf. Ich steuere auf einen Tisch am Fenster zu. Lisa setzt sich neben mich. David nimmt uns gegenüber Platz.

Nachdem wir bestellt haben, erzählen Lisa und ich David von dem, wieder zum Verkauf stehenden, Laden. „Wenn das schon immer dein Traum war, dann solltest du das auch machen“, bestärkt er Lisa. „Die Zeit fliegt und wartet auf niemanden. Wir müssen die Dinge oder Personen loslassen, die uns nicht guttun. Das hast du ja jetzt getan, Marc ist weg. Nun ist es Zeit, dass du dein Leben selbst in die Hand nimmst und das machst, was du wirklich willst. Das weißt du ja eigentlich innerlich schon lange“, lächelt David. „Die meisten Menschen warten immer auf den perfekten Zeitpunkt, um ihre Träume zu realisieren oder sie fühlen sich einfach noch nicht bereit dazu.

Besonders ihr Frauen neigt dazu, immer alles perfekt machen zu wollen und hindert euch dabei nur selbst. Dann vergeht Monat für Monat und nichts ändert sich. Wer immer nur auf den perfekten Zeitpunkt wartet, verpasst zahlreiche unglaubliche Momente, die das Leben erst wirklich ausmachen“, sagt David und schaut mir dabei tief in die Augen.

Ich rutsche nervös auf meinem Stuhl hin und her, senke den Blick und trinke von meinem Kaffee. *Was war das denn gerade?* So hat er mich noch nie angeschaut. Also nicht, dass ich mich daran erinnern würde. „Das hast du schön gesagt, David. Das hat er doch oder Kimmy?“, ich merke, wie mich Lisa von der Seite angrinst und stoße ihr unter dem Tisch mit dem Fuß gegen das Schienbein. Lisa zuckt zusammen.

„Ja, das hat er“, ich stochere mit der Gabel in meinem Kuchen herum. „Hoffst du auf Gold zu treffen, Kim?“, zieht mich David auf. „Ein flüssiger Schokokern würde mir schon reichen“, antworte ich ihm. „Erzähle mir noch ein bisschen mehr von deinem Geschäft, David. Lief alles gleich so, wie du es dir vorgestellt hast?“, fragt Lisa.

„Oh, nein. Ich glaube in keinem Geschäft läuft von Anfang an alles so, wie man es sich vorstellt. Es ist ein langer Prozess. Natürlich sehen die meisten Personen mittlerweile nur, dass ich ständig unterwegs bin, reisen kann und mir viele Dinge leiste, die sich andere nicht leisten können.

Aber das war nicht immer so. Zu Beginn habe ich viele Fehler gemacht, die mir heute nicht mehr passieren. Aber Fehler zu machen ist wichtig. Das gehört dazu. Weißt du, es gibt im Leben zwei Arten von Personen. Diejenigen, die ständig über ihre Pläne und Ideen sprechen und davon träumen, was sie einmal alles tun werden, aber niemals etwas davon umsetzen. Und dann gibt es die Menschen, die einfach loslegen. Die sich trauen Fehler zu machen und denen es egal ist, was andere denken. Ich habe mich vor zwei Jahren für die zweite Variante entschieden. Und das habe ich bis heute niemals bereut", erzählt David.

„Das bestärkt mich in meiner Entscheidung mit dem Café. Ich habe das bereits viel zu lange vor mich hergeschoben. Meine Oma hatte früher selbst ein kleines Café. Ich war als Kind immer dort und habe als Jugendliche manchmal ausgeholfen. Seitdem war es immer mein Traum später ein eigenes Café aufzumachen, nach meinen Wünschen und Vorstellungen. Meine Eltern wollten jedoch, dass ich erstmal eine ‚normale' Ausbildung in der Bank mache. Der Traum ist in den Hintergrund gerückt. Und dann habe ich Marc kennengelernt, der mir die Idee komplett ausgeredet hat", berichtet Lisa.

„Gut, dass Marc jetzt endlich Geschichte ist“, melde ich mich auch mal wieder zu Wort. „Ja, jetzt wird es Zeit, dass ich mich endlich nicht mehr von anderen beeinflussen lasse“, sagt Lisa entschlossen. „Darauf trinken wir!“, David hebt seine Kaffeetasse. Lisa und ich machen es ihm nach und stoßen an. „Ich dachte, das geht nur mit Alkohol“, lacht Lisa. „Sagt wer?“, frage ich. „Soll ich uns eine Runde Irish-Coffee bestellen, wenn sich das dann besser für dich anfühlt, Lisa?“, scherzt David.

„Nein, lasst uns lieber gegen alle Regeln verstoßen, beziehungsweise unsere eigenen Regeln aufstellen, wenn wir jetzt eh schon auf dem Freiheits- und Mach-dein-eigenes-Ding-Trip sind“, antwortet Lisa lachend.

„Die letzten Wochen oder eher Jahre habe ich mich schon genug einschränken lassen. Wenn man frisch verliebt ist, sieht man über so viele Dinge hinweg. Mein Leben hat sich nur noch darum gedreht Marc zu gefallen und von ihm anerkannt und geliebt zu werden. Dabei habe ich mich selbst komplett aus den Augen verloren.“

„Dann war er nicht der Richtige für dich und du solltest ihn schnellstmöglich aus dem Kopf bekommen“, sagt David. „Wirkliche Liebe kennt keine Ausnahmen. Ein Partner, der dich voll und ganz liebt, versucht nicht dich zu verändern. Im Gegenteil. Er wird dich in allem unterstützen, dich aufbauen in Momenten, in denen du an dir selbst zweifelst und dir jeden Tag zeigen, wie großartig du bist.“ „Und wo finde ich bitte so ein Exemplar?“, fragt Lisa.

„Tu was dir Spaß macht und der Rest ergibt sich von ganz alleine, früher oder später, glaube mir“, antwortet David. Ich erinnere mich an die Worte der Ladenbesitzerin auf Mallorca. Sie hat das Gleiche zu Sara und mir gesagt.

„Hört sich ja ganz einfach an“, meint Lisa. „Das ist es nicht. Allerdings lohnt es sich“, erwidert David lächelnd. „Nur die wenigsten gehen tatsächlich ihren eigenen Weg. Dass man aber unter zu viel Fremdeinwirkung und wenn man ständig versucht nur anderen zu gefallen, nicht wirklich glücklich wird, ist doch logisch.“

„Mensch David, eine Lebensweisheit nach der anderen heute. Ich hoffe der Cafébesuch bleibt, bis auf den Kaffee und Kuchen, kostenlos für Lisa und mich. Nicht, dass ich vorhin am Telefon unbewusst ein Life-Coaching dazu gebucht habe“, sage ich im Spaß.

„Für euch beide gibt es das alles gratis“, grinst David und winkt den Kellner zu uns. „Ihr seid eingeladen“, fügt er noch hinzu, als Lisa und ich unsere Geldbeutel aus den Taschen ziehen wollen. „Vielen Dank!“, erwidern wir Mädels gleichzeitig.

Wir stehen auf und verlassen das Café. „Hat mich sehr gefreut dich kennenzulernen, Lisa“, sagt David. „Das nächste Mal treffen wir uns dann in deinem Café.“ „Hat mich auch gefreut David. Definitiv, dann gebe ich eine Runde Irish Coffee aus“, lacht Lisa. David wendet sich mir zu und schaut mich wieder mit diesem seltsamen Blick von vorhin an. „Kommt gut nach Hause, wir hören uns sicher morgen“, sagt er und küsst mich rechts und links auf die Wange. „Du auch“, entgegne ich.

Meine Knie fühlen sich etwas weich an. Ich spüre wieder, wie Lisa mich von der Seite angrinst. Sie hakt sich bei mir ein und wir schlendern gemeinsam zurück in Richtung S-Bahn.

„Da läuft also nichts zwischen dir und David. Ist klar. Und du bist auch überhaupt nicht nervös in seiner Gegenwart“, zieht mich Lisa auf. „Da läuft wirklich nichts Lisa. Aber heute war er irgendwie anders. Du hast Recht. Und JA, das hat mich verunsichert. Ich gebe es zu“, antworte ich noch etwas verwirrt.

„Mensch Kim, David steht total auf dich, falls du es die letzten Monate, in denen ihr bereits zusammenarbeitet, nicht bemerkt haben solltest“, meint Lisa. Ich versuche mir sein Verhalten der letzten Wochen mir gegenüber in den Sinn zu rufen. „Natürlich haben David und ich viel Zeit zusammen verbracht. Es gab eben viel zu tun. Aber wir hatten nie ein Date oder sowas in der Art. Jedes Treffen war auf geschäftlicher Basis. Oft sind wir zwar danach noch gemeinsam etwas essen oder trinken gegangen, da waren die anderen aber meistens auch dabei“, erzähle ich Lisa.

„Würde er dir denn gefallen?“, fragt sie mich neugierig. „Darüber habe ich mir noch nie Gedanken gemacht“, antworte ich ehrlich. „Wie kann man sich bitte bei so einem heißen Kerl, der noch dazu was im Kopf hat, weiß was er im Leben will und gleichzeitig auch noch unglaublich sympathisch ist, keine Gedanken darüber machen, ob man ihn attraktiv findet oder nicht?“, Lisa schüttelt ungläubig den Kopf.

Ich ziehe meine Schultern nach oben. „Ich weiß es nicht. Ich fand es glaube ich einfach gut, mich nach all den Hornochsen einfach mal auf mich selbst zu konzentrieren und mein eigenes Ding zu machen“, überlege ich laut.

„Wie hat David heute so schön gesagt, ‚Gehe deinen eigenen Weg und alles andere ergibt sich wie von selbst‘, jetzt verstehe ich den tieferen Sinn. In seinem Fall bist du dann wohl in sein Leben getreten und umgekehrt“, meint sie. „Die Situation überfordert mich jetzt etwas“, antworte ich. „Mach dich doch nicht verrückt und lass es einfach auf dich zukommen“, beruhigt mich Lisa.

Als wir zu Hause ankommen, setze ich mich noch etwas an den Laptop und arbeite, um mich abzulenken, während sich Lisa ein Bad gönnt. Mein Handy klingelt. Es ist David. Mein Herzschlag beschleunigt sich. Er erzählt mir, dass er sich etwas in seinem Freundeskreis umgehört und eventuell eine passende Wohnung für Lisa ausfindig gemacht hat. Zentral, 2-Zimmer mit Einbauküche und genau in ihrer Preisklasse. Die Wohnung ist sogar sofort bezugsfertig. „Wie hast du das denn so schnell hinbekommen?“, frage ich ihn erstaunt.

„Ich habe ein paar gute Kontakte in der Branche. Lisa kann sich die Wohnung morgen Nachmittag anschauen. Ich schicke dir noch die genaue Adresse“, sagt David. „Da wird sie sich freuen. Danke für deine Hilfe“, antworte ich. „Gerne“, antwortet er. Danach sind wir beide für ein paar Sekunden still, die mir wie Ewigkeiten vorkommen. „Dann bis morgen, Kimmy“. „Bis morgen“, ich lege auf.

Mir fällt auf, dass ich während dem Telefonat unbewusst aufgestanden und wieder wild durch die Wohnung gewandert bin. Kein gutes Zeichen. David bringt mich aus dem Konzept. Ich lehne mich gegen die Wand und lasse mich auf den Boden gleiten.

In dem Moment kommt Lisa, mit Handtuchturban ums Haar, aus dem Badezimmer. „David?“, fragt sie amüsiert. „Was soll ich nur machen, Lissy?“, gebe ich verzweifelt von mir. „Wie wäre es einfach mal mit Genießen?“, meint sie und zieht mich hoch. „Vielleicht hast du Recht... Jedenfalls hat er eine Wohnung für dich ausfindig gemacht. Du kannst sie morgen direkt anschauen und wenn sie dir gefällt, dann gehört sie dir“, berichte ich ihr von dem Telefonat.

„Waaas?! Das ist ja Wahnsinn! Den musst du heiraten!“, lacht sie. „Ich nehme mir die nächsten beiden Wochen Urlaub. Ich habe ohnehin noch so viele Überstunden. Dann kann ich alles in Ruhe regeln mit der Wohnung und mich wegen dem Laden erkundigen. Man ist das alles aufregend!“ Sie strahlt über das ganze Gesicht.

Lebe im HIER und JETZT

und genieße den Moment !

15. Das „Muffins"

Die nächsten zwei Monate geht alles etwas drunter und drüber. Lisa hat nicht nur die Wohnung genommen und zwei Wochen Urlaub beantragt, nein, sie hat sogar ihren Job gekündigt und setzt mit dem Café alles auf eine Karte. Als die anfängliche Euphorie nach der Trennung mit Marc vorüber war, hatte sie nochmal ein kurzes Tief und Ängste, ob auch wirklich alles so funktioniert, wie sie es sich vorstellt.

Marc hat sie als „vollkommen durchgedreht" bezeichnet, nachdem sie tatsächlich ausgezogen ist und ihm verkündet hat, dass sie nun ihr eigenes Café aufmacht. Aber wer ist schon Marc. Lisa ist endlich wieder so wie früher. Abenteuerlustig und für jeden Spaß zu haben.

Der Laden war ziemlich renovierungsbedürftig. David, die anderen Jungs und ich haben die letzten Wochen tatkräftig mitgeholfen, alles wieder auf Hochglanz zu polieren. In Lisas Haut wollte ich allerdings nicht stecken.

Sie hat so viele Tränen und Schweiß, wie noch nie zuvor in ihrem Leben, vergossen. Der ganze bürokratische Kram nahm kaum ein Ende. Außerdem musste sie einen Kredit aufnehmen. Ich war fast schon ein bisschen schockiert, als sie mir erzählt hat, was sie insgesamt alles investiert hat.

Da hatte ich es mit meiner Selbstständigkeit um einiges einfacher, so ganz ohne Kredit und Risiko und würde nicht mit Lisa tauschen wollen. Alleine schon deshalb nicht, weil ich mich geschäftlich nie wieder an einen Ort binden möchte. Ich liebe einfach diese Freiheit, mir aussuchen zu können, von wo aus ich arbeite.

Zwar bin ich noch lange nicht dort, wo ich hinwill, aber alleine die Richtung zu kennen und zu wissen, dass ich jeden Tag meinem Ziel ein Stück näher komme, ist bereits ein tolles Gefühl und lässt mich jeden Morgen mit einem Lächeln aufwachen.

Na gut, nicht jeden Morgen. Mein Wecker klingelt nämlich noch nach wie vor um 6.30 Uhr. Aber mir macht das alles nicht mehr so viel aus, weil ich weiß, dass es nicht für immer so sein wird. Egal in welcher Situation man sich befindet, sobald man ein Licht am Ende des Tunnels sieht, ist alles nur noch halb so schlimm.

Ich habe die letzten Wochen und Monate so viele tolle neue Menschen kennengelernt, denen ich in meinem pinkfarbenen Overall auf dem Sofa niemals begegnet wäre.

Für Lisa hat sich der Aufwand der letzten Zeit mehr als gelohnt. Nächsten Samstag steht bereits die Neueröffnung des „Muffins“ bevor. Sie hat das, was bis vor zwei Monaten niemand für möglich gehalten hätte, wahr werden lassen und ich bin sehr stolz auf sie.

Das Leben ist zu kurz für

negative Gedanken und...

schlechten Kaffee !

16. Happy-End zwischen Torten und Cupcakes

Tag der Eröffnung. Es ist bereits Anfang Dezember. Die Vorweihnachtszeit hat begonnen und es liegt wieder dieser gewisse Zauber in der Luft. Um 12 Uhr geht es los und das „Muffins“ öffnet zum ersten Mal für seine Gäste. Lisa hat mich bereits um 8 Uhr morgens vor lauter Aufregung angerufen. Gefolgt von einem Anruf um 8.30 Uhr und um 10.30 Uhr. Jedes Mal versichere ich ihr, dass alles gut werden wird.

Ich überlege, was ich anziehe und entscheide mich für ein schlichtes, schwarzes, knielanges Etui-Kleid. Um 11 Uhr mache ich mich auf den Weg, um Lisa noch bei den letzten Handgriffen zu helfen.

Das „Muffins“ versprüht bereits von außen einen ganz besonderen Charme. Lisa hat die Fenster ganz leicht mit Kunstschnee besprüht. Als ich die Eingangstüre öffne, kommt mir bereits ein weihnachtlicher Duft nach Kaffee, Vanille und Zimt entgegen. Sollte ich auch irgendwann mal ein Duschgel entwerfen, wäre dieser Geruch genau nach meinem Geschmack. Ich würde es „Magic-Coffee-To-Go“ nennen.

Im „Muffins“ ist alles im Vintage-Stil eingerichtet, so wie Lisa es damals schon vorhatte. Die Tische sind weiß, aus lackiertem Holz, bei dem die Maserung noch leicht durchschimmert. An jedem Tisch stehen zwei bis sechs mintgrüne Stühle.

Im Eck kann man auf einem großen, roten Sofa Platz nehmen. Die Wände sind voll mit kleinen Bildern und Regalen, auf denen bunte Teller und Tassen stehen. Sogar ein paar selbst getöpferte Teller von meiner Mutter haben es hier her ins Regal geschafft. Das Glanzstück des „Muffins" ist die riesige Glastheke, gefüllt mit dutzend verschiedenen Kuchen, Torten, Muffins und Cupcakes. Ich werde mich niemals entscheiden können.

Lisa kommt mir aufgeregt entgegen. „Gut, dass du da bist! Ich bin soooo nervös!", sagt sie zappelnd. „Es wird alles gut. Der Laden sieht toll aus. Du siehst toll aus. Die Gäste werden das „Muffins" lieben!", beruhige ich Lisa wieder mal. „Du hast Recht. Ach, es ist einfach alles so aufregend. Mein eigenes Café! Ich kann es immer noch kaum glauben", antwortet sie in ihrem mintgrünen Kleid, passend zur Einrichtung. Ich zünde die Kerzen auf den Tischen an, während Lisa ihrer Bedienung die letzten Anweisungen erteilt. Um kurz vor 12 Uhr stehen bereits die ersten Gäste, sowie Familie und Freunde vor der Türe.

Meine Eltern sind auch gekommen. Genau wie Celine, David, Max, Chris, Tobi und alle anderen Helfer. Draußen fängt es leicht an zu schneien. Der erste Schnee in diesem Jahr. Er verleiht dem Tag einen besonderen Zauber. Alle Plätze sind bis auf den letzten Stuhl belegt.

„Schau nur, wie viele gekommen sind“, flüstert mir Lisa ins Ohr. „Ich habe nichts anderes erwartet. Hut ab. Bei meinem ersten Event zu Hause ist niemand gekommen“, lache ich.

„Dann solltest du das nächste Mal auf die Einladung schreiben, dass es Torten und Muffins gibt“, erwidert Lisa und grinst. „Das war wohl der Fehler“, antworte ich. „Ich denke, du kannst jetzt deine offizielle Eröffnungsrede halten.“ Lisa nickt und stellt sich vor die Theke.

„Es freut mich, dass ihr und dass Sie alle so zahlreich gekommen sind. Es war schon seit Jahren mein Wunsch dieses Café zu eröffnen. Mein Dank gilt ganz besonders Kim, ohne die ich niemals den Mut aufgebracht hätte, diesen Schritt endlich zu gehen.“ Lisa schaut mich mit leicht glasigen Augen an. Sofort habe ich auch eine Träne im Auge.

David hat neben mir Platz genommen. Ich spüre seinen Blick, bevor er unter dem Tisch meine Hand in seine nimmt. Ich schaue ihn an und lächle. Ich hatte die letzten Wochen so viel zu tun, dass ich mich gar nicht weiter mit dem Thema „David" beschäftigt habe. Also nicht auf diese Weise.

Jetzt, da er meine Hand hält, fühlt sich alles so richtig und gut an und ergibt einen Sinn. Als ich Lisa so glücklich da vorne stehen sehe, wird mir wieder bewusst, dass wir im Leben manchmal einfach ins kalte Wasser springen und die Dinge umsetzen müssen, die wir bereits so lange in unserem Kopf haben.

Was passiert uns dabei? Nichts. Wie fühlen wir uns danach? Hellwach und voller Energie. Alle Ängste und Sorgen, die wir zuvor hatten, sind auf einmal wie weggeblasen. Wir belächeln uns selbst und verstehen gar nicht mehr, wovor wir überhaupt Angst hatten.

Lisa hat sich mittlerweile wieder gesammelt und fährt fort: „Das Muffins soll ein Ort zum Wohlfühlen sein, an dem man seine Koffeinspeicher auffüllen, sich mit seinen besten Freunden und der Familie treffen und natürlich, vor allem, mit den besten Gebäckspezialitäten verwöhnen lassen kann. Ich danke allen Helfern, die es ermöglicht haben, dass wir in kurzer Zeit etwas so Großartiges auf die Beine gestellt haben“, sagt sie und schaut dankbar in die Runde. „Und damit genug der Worte. Lasst es euch schmecken und genießt den Mittag“, beendet Lisa ihre Rede und nimmt im Anschluss die ersten Bestellungen entgegen.

Ich entscheide mich für ein Stück Schokoladen-Nuss-Torte. Jede Gabel ist ein Gedicht. David lacht, als er meinen Gesichtsausdruck sieht. „Na, schmeckt`s?“, fragt er mich. „Unglaublich gut. Wenn ich jetzt öfters hier bin, muss ich definitiv mein Sportprogramm intensivieren“, grinse ich. Nach dem Kuchen und vielen Gesprächen fragt mich David, ob wir eine Runde spazieren gehen. Wir verabschieden uns von meinen Eltern, Lisa und den anderen. Beim Gehen zwinkert mir Lisa noch geheimnisvoll zu.

Es ist mittlerweile 16 Uhr und hat aufgehört zu schneien. Die Dächer, Wege und Bäume sind leicht eingepudert. Wir laufen in Richtung Park. „Lisa hat das alles großartig gemacht heute, ich bin so stolz auf sie“, sage ich zu David. „Ja, das hat sie. Aber du bist mindestens genauso großartig“, antwortet er mir. „So fühle ich mich manchmal gar nicht“, meine ich nachdenklich.

David bleibt stehen und schaut mich an. „Kim, du bist die außergewöhnlichste Frau, die ich jemals kennengelernt habe. In dir steckt noch so viel mehr. Das alles ist erst der Anfang. Du hast mich die letzten Monate jeden Tag aufs Neue überrascht. Egal, was war, du hast nie deinen Optimismus verloren. Das ist bewundernswert. So viele geben auf, wenn nicht gleich alles nach ihren Vorstellungen verläuft. Aber du… du begegnest jeder noch so schwierigen Situation mit einem Lächeln. Das ist toll und wird dich an dein Ziel bringen. Ich kenne sehr viele Menschen, die etwas anfangen, rein aus dem Beweggrund heraus jede Menge Geld zu verdienen.

Aber sie sind nicht mit Herz und Leidenschaft bei der Sache. Du dagegen hast es gelernt den Prozess zu lieben. Du machst alles aus dem richtigen Antrieb heraus. Du bist… du bist umwerfend, Kim“, sagt David und sieht auf einmal wie ein kleiner, verlorener Junge aus. Mein Herz macht einen Sprung. Ich gehe einen kleinen Schritt auf ihn zu, er nimmt mich in seinen Arm und küsst mich. Es ist wie in meinen Lieblingsmärchen. Nur besser.

Jede Frau verdient

ihr

Happy-End !

17. Das letzte Einhorn

Heiligabend. Ich habe es mir auf dem Sofa meiner Eltern bequem gemacht und trinke einen „Weihnachts-Zauber-Tee“, so stand es zumindest auf der mit Sternen und Feen bedruckten Verpackung. Vermutlich steckt dahinter das gleiche Marketing-Genie, wie bei den Duschgels.

Im Fernsehen läuft „Das letzte Einhorn“. Ich habe mich schon den ganzen Tag darauf gefreut. Meine Mutter bereitet gerade das Essen zu, während mein Vater noch mit dem Weihnachtsbaum beschäftigt ist. Beiden habe ich meine Hilfe angeboten, insgeheim aber gehofft, dass sie dankend ablehnen und ich im Wohnzimmer verschwinden kann. So war es dann auch. *Hallelujah.*

Jedes Mal, wenn ich hier sitze, fühle ich mich wieder wie ein kleines Kind und genieße es verwöhnt zu werden. Der Film neigt sich dem Ende entgegen. Der rote Stier ist besiegt, die Einhörner wieder aus dem Meer befreit. Happy-End.

Während der Abspann auf dem Bildschirm erscheint, versinke ich, wie gewohnt, in Gedanken. Dieses Mal jedoch nicht voller Selbstmitleid. Im Gegenteil. Ich lasse das letzte halbe Jahr nochmals Revue passieren und muss schmunzeln, als ich an meine ersten Telefonate, meinen ersten Beauty-Abend und vieles mehr denke. Was alles schief gelaufen ist und nicht so funktioniert hat, wie ich es mir vorgestellt habe. Die vielen Personen, die an mir gezweifelt und versucht haben, mir alles auszureden oder mich zu demotivieren. Aber ich habe nicht aufgehört. Der Weg ist das Ziel.

Mich überkommt ein Gefühl der Dankbarkeit. Ich bin froh, dass ich die Entscheidung getroffen habe, endlich mein Leben selbst in die Hand zu nehmen und gebe mir selbst das Versprechen, mich von keinem Hornochsen auf der Welt je wieder davon abbringen zu lassen.

Nachwort

Jede Frau verdient das zauberhafteste Leben, voller außergewöhnlicher Augenblicke. Momente, die so schön sind, dass wir zwischen Realität und Märchen nicht mehr unterscheiden können.

Wie bekommen wir das? Indem wir es uns einfach nehmen und uns von niemandem das Gefühl geben lassen, wir hätten nicht verdient, was wir wollen.

Wir müssen wieder anfangen, an uns selbst zu glauben und auf unsere Fähigkeiten zu vertrauen. Denn unser größter Kritiker sind meistens wir selbst. Wir sind Perfektionistinnen, die sich mit anderen vergleichen. Dabei sind wir perfekt. Perfekt so wie wir sind. Also sollten wir aufhören zu versuchen jemand zu sein, der wir nicht sind und uns lieber auf unsere eigenen Stärken konzentrieren.

Unser starkes Bedürfnis nach Harmonie und Geborgenheit, führt oft dazu, dass wir uns selbst aufgeben und unsere eigenen Wünsche hintenanstellen. Wenn wir unglücklich sind, glauben wir, dass wir alleine durch eine Partnerschaft glücklich werden und unsere Erfüllung finden. In Wahrheit jedoch sind wir selbst die Person, die entscheidet, ob wir glücklich sind oder nicht. Den eigenen Weg zu finden und zu gehen, ist am Anfang nicht leicht. Denn erstmal müssen wir es durch den Feenstaub schaffen, unser gewohntes Umfeld, unsere Komfortzone.

Er glitzert und lädt zum Verweilen ein. Wir verlassen ihn daher nur ungern, weil wir Angst haben. Angst vor allem, was wir nicht kennen. Doch wenn wir es wagen den Feenstaub zu verlassen, werden wir sehr bald einen Regenbogen entdecken. Und am Ende des Regenbogens befindet sich der Schatz, unsere Träume und Ziele.

So schön der Regenbogen auch aussehen mag, auch er hat seine Tücken. Denn er entsteht nur dann, wenn Sonne und Regen aufeinandertreffen. Wer seinen eigenen Weg geht, trifft also nicht immer nur auf Sonnenschein. Vor allem zu Beginn unserer Reise kommt oft Regen auf. Regen in Form von Personen, die uns aufhalten wollen oder Dingen, die nicht sofort so funktionieren, wie wir sie uns vorstellen. Und mitunter stehen wir uns auch einfach selbst im Weg. Aber all das ist normal und kein Grund zur Sorge.

Sobald wir an der Mitte des Regenbogens angekommen sind, wird alles leichter. Denn nun geht es nicht mehr steil bergauf, sondern bergab. Wir haben mittlerweile viel gelernt und sind selbstbewusster geworden. Sogar unsere größten Kritiker werden auf einmal zu stillen Bewunderern. Und je länger wir unseren Weg gehen, desto mehr Personen ziehen wir in unser Leben, die so sind, wie wir selbst und die uns schätzen und respektieren.

Ganz egal, was unser Ziel ist, wenn wir genau das machen, was wir lieben und dabei wir selbst bleiben, werden wir automatisch dort ankommen. Also warum noch länger warten?

Das Kostbarste, was wir in unserem Leben haben, ist Zeit. Es ist Zeit, durch den Feenstaub, über den Regenbogen, zu unserem persönlichen Happy-End zu gelangen.

Warum Frauen fabelhafte Wesen lieben? Weil jede Frau selbst fabelhaft ist.